중소기업과 스타트업의 인재경영 가이드

채용부터 시작하는 인재경영

중소기업과 스타트업의 인재경영 가이드

채용부터 시작하는 인재경영

지은이   김 태 선

발 행   2023년 7월 11일

펴낸이   한건희

펴낸곳   주식회사 부크크

출판사등록   2014.07.15.(제2014-16호)

주 소   서울특별시 금천구 가산디지털1로 119 SK트윈타워 A동 305호

전 화   1670-8316

이메일   info@bookk.co.kr

ISBN   979-11-410-3529-7

www.bookk.co.kr

중소기업과 스타트업의 인재경영 가이드

채용부터 시작하는 인재경영

김태선 지음

BOOKK

머리말

취업이 하늘의 별 따기가 된 지는 오래다. 하지만 이는 대기업이나 공기업 등 일부 기업들에 국한된 이야기일 뿐, 중소기업처럼 작은 조직들의 인력난은 심각하다. 중기부가 발표한 '2020년 중소기업 기본통계'에 따르면 우리나라 전체 기업의 99.9%는 중소기업이다. 이렇게나 많은 중소기업의 상당수는 사람을 구하고 싶어도 그럴 수 없는 만성 인력 부족에 시달리고 있다. 사람 구하기 어렵다고 손을 놓고 있자니 회사 성장은커녕 회사 존속마저도 위태로울 수 있어 난처하기만 하다.

하지만 모든 중소기업이 같은 어려움 속에 있는 것은 아니다. 강의 요청이 있어 여러 회사를 방문하다 보면 기술력이 업계에서 압도적으로 뛰어나거나 회사 실적이 엄청나지 않은데도 회사에 활력이 넘치고 조직 분위기가 좋아 직원들의 긍정성과 적극성이 느껴지는 회사가 있다. 또 얼마 전까지만 해도 경영 악화로 인해 회사가 힘든 상황이었음에도 금방 회복하여 정상적으로 운영되는 회사도 만날 수 있다.

이런 회사들은 어떤 특별함이 있을까? 이 회사들은 '같은 편'인 직원들이 많기 때문이다. 회사는 직원을 부속품으로 여기고 직원은 회사를 급여 ATM 정도로밖에 여기지 않는 조직이라면 서로의 성장은커녕 둘 다 도태되어도 이상하지 않다.

직원들과 같은 편으로 똘똘 뭉치려면 첫 번째 할 일은 '채용'이다. 작은 규모의 회사일수록 채용에 마음을 다해야 한다. 어설픈 사람을 채용해서 교육과 훈련에 필요 이상의 비용을 투자하고 예상치 못한 손실을 감수하는 것보다 제대로 된 사람을 선발하기 위해 시간과 비용을 들이는 편이 더 큰 이익으로 돌아온다.

경영 관리에 커리어가 출중한 고위 관리직 채용이든 배송이나 생산을 책임져 줄 현장직 채용이든 어느 자리 하나 소홀히 여길 곳이 없다. 어차피 일이라는 것이 뻔하고 지원자 역시 도긴개긴이라고 여겨 급한 마음에 아무나 뽑아 몇 달이던 일만 부리겠다는 안일한 생각을 해서는 곤란하다. 업무의 지연과 중단을 야기할 수 있고 새로운 직원을 충원하는 과정에서 비용도 쌓여간다. 특히 기존 직원들의 회사에 대한 마음이 싸늘해진다는 것이 가장 큰 위험 요소이다. 잦은 직원의 퇴사는 회사에 대한 불신과 감정적인 불안을 만들 수 있다.

아무나 채용하면 안 되는 이유는 또 있다. 채용된 직원이 일단 회사에 들어오면 아주 자유롭게 자기중심적인 업무 태도를 보이거나 기존 질서와 문화를 무시하는 사례가 그 어느 때보다 많이 보고되는 시대이다. 만약 이런 사람이 회사 내 한자리를 차지하고 버티기라도 한다면 회사 내 갈등은 누가 책임을 지겠는가.

사람 채용에 있어서는 쉬운 길을 선택하지 말고 다소 힘들고 어렵더라도 일을 제대로 할 수 있는 사람, 같이 회사를 성장시킬 의지가 있는 사람을 찾는 노력을 해야 한다. 급하게 서둘러 처리할 일이 아니다.

그런데 작은 기업들은 채용에 힘을 쏟기 어렵다. 총무 팀이나 지원팀에서 인사 업무를 같이 맡고 있어 채용 업무가 뒷순위로 밀리기도 하고, 회사 대표가 혼자서 깜깜이 채용을 할 때도 있다. 심지어 채용을 포기하고 가족이나 지인 중심으로 조직을 꾸려 일을 하는 경우도 비일비재하다.

상황이 이렇다 보니 가끔 내는 채용 공고문은 어설프기 짝이 없다. 회사 소개는 어떤 내용으로 할지, 직무 내용과 요구 역량은 무엇으로 할지, 어떤 양식으로 올릴지 등등 고민거리는 많은데 모두 무시하고 대충 작성한 채용 공고문을 올려 버린다.

지원자들에게 회사와 직무 정보를 제대로 전달하지 않았으니 드문드문 들어오는 지원서들은 하나같이 비슷한 내용들이다. 회사가 원하는 역량을 작성하도록 별도의 양식을 제공하지 않았기 때문에 지원자들은 취업 포털에서 제공하는 똑같은 양식의 지원서에다가 뻔한 내용들로만 채워 지원한다.

시작부터 단추가 잘못 끼워졌으니, 채용이 순탄할 리 없다. 이력서와 자기소개서를 검토하는 일은 조금이라도 한가한 사람이나 낮은 직급의 직원에게 맡겨지고 면접은 지루한 일이 되어 버린다.

면접 후 보고해야 하는 일은 귀찮기만 하고 지원자에 대한 기억은 금방 사라져 제대로 보고 할 수도 없다.

이렇게 해서 우리 회사의 지금 성과와 미래 비전 달성을 자신할 수 있을까?

우리가 해야 할 일은 우리 회사에 적합한 채용을 위해 노력하고 조직의 인재경영 습관이 바람직한 문화로 자리 잡을 때까지 지속해 가는 것이다. 작은 규모의 회사라면 회사 직원들과 아이디어를 모아 실행하는데 큰 규모의 회사보다 유리한 점이 많다. 우리 회사가 작다고, 업력이 얼마 되지 않는다고 핑계 대지 말자.

세계 최강 기업 구글은 모든 직원의 직무 내용에 채용 업무를 포함해 인재경영을 모두의 일로 만든 것으로 알려져 있다. 회사에 필요한 인재를 추천하거나 면접 과정에 참여하도록 하며, 제대로 하고 있는지 평가하여 고과에 반영한다고 한다. 구글의 이런 제도는 성장을 이룬 다음 뚝딱 만든 것이 아니다. 사업 초창기부터 채용에 진심으로 임해 같은 편이 될 만한 사람을 가려 조직을 구성했고 인재 경영을 위한 노력이 오랜 시간 지속되면서 개선되고 발전한 것이다.

'우리 직원들이 가장 소중한 자산이다'라는 식상한 표현을 실현하고 있는 기업들은 규모를 가리지 않고 많이 있다. 현재 우리 회사가 작다고 인재경영을 포기하거나 소홀히 해서는 안 된다. 인재경영에 좋은 습관을 만들어 가는 회사는 시간과 만나 결국 큰 성공을 이루겠지만, 그렇지 못한 회사는 비참해질 수 있다.

닥친 현실을 딛고 내일의 강소기업을 향해 오늘도 달리고 있는 중소기업인들에게 작은 도움이 되길 바라며, 모두 파이팅!!

2023년 7월
김태선

차례

PART 1

인재 모집

결국 사람

강소기업을 꿈꾸는 리더의 고민

〈카톡. 카톡. 메시지가 도착했습니다. "사장님 저 회사 그만두겠습니다. 감사했습니다."〉 입사한 지 얼마 되지 않은 직원에게서 이런 메시지를 받았다는 중소기업 대표가 하소연을 해댔다. 퇴사 이유에 대한 자초지종을 설명한 것도 아니고 밑도 끝도 없이 그만두겠다는 통보가 우리 회사와 자신에 대한 모욕 같아 상당히 기분나빴다고 했다.

부서 팀장은 황급히 해당 직원에게 연락을 취했다. 돌아온 답변은 "일하는 분위기나 사람들이 본인 스타일과 맞지 않는 것 같아 그만둔다"는 것이었다. 그러면서 공무원 공부를 할 것이라고 했단다. 그럴 것이었으면 애초에 지원서를 내지 말 일이지, 왜 채용하고 일 가르치는데 헛일을 하도록 한 것인지 화가 난다고 했다. 그리고 회사 다닌 기간이 고작 얼마나 된다고 회사 분위기 운운하고 직원들 탓을 하는지 어이가 없었다고 했다. 아무리 작은 회사라지만 회사 인사 규정도 무시한 채 회사와 협의나 동의도 없이 그것도 SNS로 사직 통보를 하는 것이 말이나 되냐며 도대체 요즘 젊은 사람들 이해할 수 없다는 하소연을 꽤 오래 했다.

이런 모습은 비단 이 회사만의 일이 아니다. '직원들이 항상 마음 이 떠 있어 언제든 나갈 준비만 한다.', '직업의식이나 회사 생각 하는 마음이 부족하다.', '요구사항만 있지 본인의 노력은 없다." 등등 회사 대표들의 직원에 대한 볼멘소리가 한가득하다.

그렇다고 혼자서 일을 할 수는 없는 노릇이다. 이제 시작한 사업 이라 규모가 작은 회사 일지라도 혼자 일을 하는 데는 한계가 있 다. 대부분의 경우 사업 성공에는 다양한 인력과 자원이 필요하며, 사장 혼자서는 이러한 것들을 모두 갖출 수 없다는 것을 우리는 알고 있다. 아무리 번뜩이는 아이디어와 가능성 높은 사업 기회라 고 할지라도 사장 혼자서는 한정된 자원만으로 운영해야 하므로 이는 성장 가능성을 스스로 제한하는 선택이며 경쟁력 제고에 한 계를 가질 수밖에 없다.

작은 조직에서 사람이 중요한 이유

작은 조직이나 기업은 대기업보다 인적 자원이 한정적이고 인적 자원에 대한 투자가 적은 경우가 대부분이다. 대기업과 달리 인재 양성에 많은 시간과 비용을 들이기 어렵고 전문적인 인재의 고용도 어렵기 때문에 근무하는 직원들은 보통 다양한 업무를 담당하게 된다. 적은 인원으로 많은 일을 처리해야 하고 해보지 않은 어려운 일에 나서야 하는 상황도 많다. 대기업과 같은 체계적인 지원 시스템이 없는 상황에서 사람의 의지와 노력으로 하나하나 만들어가야 하는 일이 많은 중소기업 특성상 사람은 그 무엇보다 중요한 기업의 자산임이 틀림없다.

그렇기 때문에 중소기업은 사람을 더욱 중요하게 여기고 적재적소에서 그들의 역량을 발휘할 수 있도록 세심히 노력해야 하고 채용 단계부터 관심을 쏟아야 한다.

그리고 중소기업에서는 사람들 간의 협력과 소통이 더욱 중요하다. 대기업은 규모가 크기 때문에 각 부서나 업무마다 역할 분담이 잘 이루어져 있어서 자체적으로 일을 처리할 수 있는 환경이 조성되어 있다. 하지만 중소기업은 그 규모가 작기 때문에 직원끼리 더욱 상호 의존적으로 업무가 진행된다. 이는 회사 발전에 약이 될 수도 있고 독이 될 수도 있다. 동료 간의 소통과 협력, 각자 역할에 대한 책임감과 신뢰 형성이 그래서 중요하다. 이는 구성원의 마음가짐과 태도에 달려 있기에 어떤 사람과 함께 일하는지가 핵심이 된다. 작은 조직일수록 한 사람 한 사람이 우리 조직에 직접적인 영향을 미치고 경쟁력을 결정한다는 사실을 잊지 말자.

채용, 불변의 진리

'구글' 인사책임자였던 라즐로 복(Laszlo Bock)이 쓴 《《구글의 아침은 자유가 시작된다》》 라는 책은 강소기업을 향해 달려가는 우리에게 채용의 중요성을 강조하고 있다.

모든 스타트업이 그렇듯 구글도 사업 초창기에는 언제 망할지 모른다는 의심 속에 어려움이 많았다. 1998년 창업한 구글은 그 해 변변한 매출을 올리지 못했다고 한다. 구글은 어려움을 타개하고 성장과 발전하기 위해 사람이 필요했다. 하지만 구글은 신생기업이라서 직원들에게 동종 업계 대비 더 많은 연봉을 약속할 수 없었다. 그런데도 더 많은 일과 더 어려운 일을 요구할 수밖에 없는 환경이었다.

이처럼 구글은 인재를 끌어들이기 어려운 환경임에도 불구하고 되는 대로 아무나 채용하는 실수를 하지 않았다. 구글은 채용하는 데 아주 많은 신경을 쓰기 시작했다. 그 한 가지가 제대로 된 사람을 채용하는 것이었다. 구글은 인사 업무에 투입되는 시간과 비용의 대부분을 신입 직원 채용에 할당했다. 시간과 돈이 더 들더라도 회사가 원하는 제대로 된 직원을 뽑는 것이 다음에 발생하는 리스크를 줄이고 더 큰 성과를 얻을 수 있다는 믿음 때문이었다.

맞는 말이다. 제대로 된 사람을 적합한 자리에 배치하면 신경 쓸 일이 없게 된다. 하지만 단순한 생각으로 급한 대로 아무나 자리에 앉히게 되면 잘 되던 일도 그르친다. 일 처리 하나하나 관리 하느라 회사의 중요한 일들은 뒷전으로 밀려나고 잔소리가 끊이질 않게 되고 회사의 분위기마저 무거워진다.

"당신이 채용에 5분밖에 사용하지 않는다면, 잘못 채용된 사람으로 인해 발생한 사고를 수습하는 데에 5,000시간을 사용하게 될 것이다"라는 피터 드러커(Peter Drucker)의 역설(力說)에 공감이 된다.

경영 고전의 하나인 짐 콜린스(Jim Collins)의 《좋은 기업을 넘어 위대한 기업으로》는 '사람 먼저'를 강조하고 있다. 이 책의 연구진들은 좋은 기업에서 위대한 기업으로 도약한 기업들을 연구하면서 초기 가설과 정반대의 사실을 발견하게 된다. 연구진 들은 기업이 도약을 위해서 먼저 새로운 방향을 설정하고 비전과 전략을 세운 후 사람들을 헌신하도록 했을 것으로 예상했다. 하지만 결과는 반대였다. 적합한 사람을 채용해 자리에 앉히고 부적합한 사람을 전환하였더니 회사 일이 잘되었다는 것이다. 즉 위대한 기업으로 도약 한 회사들은 '무엇'이 아니라 '누구'로부터 변화를 시작한 것이다.

실제 우리 회사나 팀에 가장 최근에 입사한 동료를 떠올려 보자. 우리 조직이나 직무에 적합한 직원이라면 동기 부여에 대한 고민이나 관리 감독의 문제가 대부분 없을 것이다. 그들은 스스로 알아서 일을 처리하기 때문이다. 말을 하지 않아도 스스로 최선의 성과를 내려 한다. 업무 중 문제가 생기면 무기력하게 상사의 지시를 기다리거나 감추려 들지 않고 최선의 해결책이 무엇인지 고민한 뒤 대안을 마련해 대화를 요청할 것이다.

하지만 부적합한 직원이라면 어떤가? 꾸역꾸역 일하는 것이 눈에 보인다. 언제 문제를 발생시킬지 몰라 같은 팀 동료들은 시한폭탄을 안고 있는 것과 마찬가지이다. 그러다 보면 그 사람에 대한 잔소리와 원망만 쌓여 가게 된다.

일손이 없는데 급한 대로

그런데 누군가는 이렇게 얘기할 수도 있다. 작은 회사는 직원을 채용할 때 고르고 말고 할 것도 없이 일하겠다는 사람이 있으면 면접 본 그 자리에서 즉시 채용하라고 말이다. 작은 회사의 인력 확보 어려움이야 하루 이틀이 아닌데, 일을 하겠다고 찾아온 사람을 이리저리 뜯어보며 까다롭게 굴다 보면 다 놓치고 만다는 것이다. 결국 회사란 일 할 사람이 있어야 굴러가는데 장비를 그냥 세워 놓을 수는 없다고 얘기한다.

기업 판촉물 및 화환 등을 유통하는 작은 기업에서 있었던 일이다. 지인 몇 명이 시작한 회사는 날로 번창해 주문이 평일과 주말, 낮과 밤 가릴 것 없이 계속 어어 졌다. 회사는 이제 지인끼리의 사업을 벗어나 새로운 직원과 함께 도약이 필요해졌다. 나름대로 열심히 선발한 직원들은 돌아가며 늦은 밤과 주말에도 일을 했다. 근무 시간은 채용공고에도 안내되어 있었지만, 막상 일을 해보니 밤 근무와 주말 근무가 만만치 않았다. 그러자 몇 명의 직원들은 얼마 못 가 떠나기 시작했다. 회사는 일할 사람이 모자라다 보니 이제 선발이랄 것도 없이 일을 하겠다는 사람이 찾아오면 웬만해선 일을 하도록 했다. 밀려드는 주문량을 감당하려면 어쩔 수 없다고 판단한 것이다.

그런데 협력 업체들로부터 이전에 없던 불만이 제기되었다. 요구 사항 미반영, 주문 불가 사례 증가, 배송 누락 등 여러 가지 문제가 발생했다. 특히 기본적인 업무 커뮤니케이션조차 되지 않아 정상적인 비즈니스 관계를 유지 할 수 없어 거래를 끊겠다는 심각한 문제도 있었다.

이는 한 명의 직원이 혼자 일을 할 때 자기 기준에서 일을 쉽게 처리하려고 회사의 업무 규칙이나 절차를 무시해서 벌어진 일이었다. 책임감이나 주도성이 부족한 직원이 관리자가 눈앞에 없으니 어느 정도 일에 대한 파악이 끝난 다음부터 자기 편익을 위해 대충 일을 처리해 버렸다. 그리고 근무 중에 발생한 상황에 대해서는 휴무를 핑계로 보고를 누락하거나 제때 보고를 하지 않아 회사의 손해는 점점 커져만 갔다.

급하더라도 제대로 된 사람, 적합한 사람을 뽑아야 한다. 대기업들이 하는 것처럼 거창한 채용은 아니더라도 우리 사정과 특성에 맞게 나름의 채용 기준과 프로세스를 갖추는 것은 아주 중요하다.

회사가
면접을 당하는 시대

두 눈을 부릅뜬 구직자

한국경영자총협회가 전국 405개 기업을 대상으로 조사 한 '2014년 신입사원 채용 실태 조사' 결과를 보면 채용 관련 가장 큰 애로사항은 '우수인재선발의 어려움'을 꼽고 있다. 특히 중소기업의 경우 가장 큰 애로사항은 '지원자 수의 부족'을 꼽았다. 즉 뽑고 싶어도 뽑을 수 없는 현실을 보여준 것인데 2014년 조사 이후로 중소기업의 구인난은 개선되지 않고 더욱 심화하고 있다.

한편 요즘 구직자들은 아주 똑똑하다. 일자리가 급해도 웬만해선 서두르는 법이 없다. 돌다리도 두들겨 보는 심정으로 확인하고 또 확인한다. 일단 면접 일정이 결정되면 카카오톡과 같은 SNS에는 관련한 오픈 채팅방이 개설되고 지원자들끼리 회사 정보와 개인

의견들을 활발히 주고받는다. 면접에 대한 일반적인 사항부터 면접 때 분위기, 심지어 어느 면접관이 어떤 질문을 하였는지도 공유한다. 더불어 면접관이 친근했다거나 거만해서 불쾌했다는 식의 개인 의견도 가감 없이 올린다.

또 회사 규모가 크지 않아 회사에 대한 정보 찾기가 쉽지 않거나 내부 분위기, 업무 환경 등에 대해 자세히 알고 싶다면 기업 평판 조회 사이트를 활발히 이용한다. 그런데 이 사이트에 올라온 글 때문에 고생을 해본 사람이나 회사가 한둘이 아니다. 기업에 대한 생생한 이야기와 면접 분위기 등에 대해 익명으로 아주 솔직하고 무자비하게 남겨버리기 때문이다. 사이트에는 사장이나 팀장 대한 이야기, 특정 팀의 분위기 특히 누가 어떤 상황에서 어떤 말을 했다는 것까지 아주 자세히 써 놓아 읽는 사람이 신뢰를 갖도록 만든다.

또 회사에 대해 사용자들이 직접 매기는 평점은 구직자들의 '신호등'이 되어 버렸다. 평점이 낮으면 '믿고 거른다'가 일반화되었다. 회사 입장에서는 억울한 일이겠지만 구직자들은 다행스러운 일로 여긴다. 구직자 입장에서는 경험자의 피드백이기 때문에 회사의 소리보다 훨씬 더 신뢰성 있게 받아들이는 분위기이다.

회사에 대한 좋은 인상 만들기

사실 이런 세태가 지금에 와서야 만들어진 것은 아니다. SNS가 활발히 사용되기 훨씬 이전부터 채용 시즌이나 면접 때가 되면 각 기업의 채용 담당자들은 포털 사이트의 대표 취업 카페 들을 모니터링 하면서 지원자들이 어떤 의견을 주고받는지 탐색해서 대응하곤 했다.

우리는 구직자들의 이런 움직임에 어떻게 반응해야 할까? 중요한 것은 우리 회사를 검색하고 면접을 준비하는 사람은 어찌 되었든 우리 회사에 관심을 두는 사람이므로 그 사람을 고객으로 인식하고 우리 회사에 대해 좋은 인상을 받도록 해야 한다는 것이다. 이것은 B2B 비즈니스를 하는 기업이라도 마찬가지다.

회사는 1~2년 반짝 사업하고 사라질 존재가 아니다. 오늘도 내일도 먼 훗날도 우리 회사와 우리가 하는 일은 이어져야 하지 않겠는가? 한두 번의 채용 과정과 면접 전형에서 구직자들의 마음을 놓치게 되고 이미지를 망쳐 버리면 인재경영은 시작조차 할 수 없게 된다.

취업 카페에서 채용 관련 정보를 공유하는 문화가 생기기 시작한 십수 년 전, 기억에 남는 한 중소 식품 기업이 있었다. 그 회사는 업계를 주도 하는 회사도 아니고 별도 인사팀이 존재하는 회사도 아니었다. 총무 팀에서 인사 업무를 병행하는 터라 전문적인 인사 시스템도 갖추지 못한 회사였다. 하지만 그 회사는 포털 사이트의 취업 카페 게시판 하나를 위임받아 회사 정보 및 구인 정보를 구직자들에게 알렸다. 회사에 대한 상세하고 정확한 정보를 알리기 위해 애썼고 구직자들이 궁금해하는 질문이 올라오면 게시판을 관리하는 총무 팀의 담당자는 될 수 있는 대로 빠르게 피드백해 주면서 구직자들의 관심을 끌고 실제 입사 서류를 제출하도록 정성을 쏟았다. 이런 노력은 한 해 한 해 쌓여 구직자들 사이에서 오래된 식품 제조 기업이지만 소통이 활발하고 좋은 일터 문화를 갖추기 위해 노력하는 회사로 알려지기 시작했다.

또 기계 부품을 생산하는 회사의 대표는 회사가 소재한 지역 대학 학생들과 만날 수 있는 간담회나 특강 행사가 있으면 강연자로 꼭 추천해 달라고 부탁을 한 적이 있었다. 이 대표는 학과의 작은 행사, 대학 단위의 큰 행사 가리지 않고 달려가 학생들과 접점을 만들었다. 그 자리에서 준비된 강의 외에도 학생들의 진로나 사회생활 등에 대한 고민거리에 대해서도 허심탄회하게 의견을 나눴다. 그리고 자신이 경영하고 있는 회사의 사업 설명과 비전에 관해 이야기하면서 항상 입사 지원서를 받고 있으니 같이 일해 보자고 당부했다. 대표가 직접 인재를 유치하기 위해 발로 뛰다 보니 지방에 소재한 중소기업치고는 인재 채용에 있어서 큰 어려움을 겪지 않았다. 지역 대학의 취업 부서와 학과에서도 우수한 학생을 지속해 연결해 주었고 지금도 계속되고 있다.

회사 선택 시 1순위는 돈?

'케바케'는 'case by case'의 줄임말로 '사람·상황에 따라 다르다'는 의미로 쓰인다. 요즘 사람들은 세대 불문하고 '케바케'를 중요하게 여긴다. 회사를 선택할 때도 '케바케'는 적용된다. 예전에는 대체로 높은 급여와 안정적인 일자리를 찾는 것이 중요한 가치였다. 그런데 요즘은 사람마다 중요하게 여기는 직업 가치가 매우 다양하다.

먼저 일과 삶의 균형을 중요시하는 사람은 일에만 몰두하지 않고 가족, 친구, 취미 등 다른 삶의 측면에도 충실해야 한다고 생각한다. 그래서 일이나 회사가 생활의 일부분에 불과할 뿐 자신의 시간과 에너지를 충분히 확보할 수 있는 직업을 중요하게 생각한다. 그래서 일과 삶의 균형을 맞출 수 있는 유연한 근무 환경을 중요하게 생각한다.

그리고 가치 있는 일을 하고 싶어 하는 사람도 많다. 요즘 사람들은 단순히 돈을 벌기 위해서 일을 하는 것이 아니라, 자신이 하는 일이 사회나 세상에 어떠한 영향을 끼치는지에 대한 가치를 중요하게 생각한다. 즉, 내가 하는 일이 사회에 기여하거나 세상을 바꾸는 일에 연관되어 있다면, 보상에 대한 고민보다는 일 자체의 가치에 집중한다.

또한 적극적인 성장을 중요시하기도 한다. 자기 경력에 대한 적극적인 계획과 개발을 중요하게 생각해서 일에 대한 열정과 자기 능력을 발휘하면서 동시에 자신을 계속해서 발전시킬 수 있는 환경이 중요하다고 여긴다.

끝으로 공정하고 평등한 대우를 중요시한다. 과거에는 조직에서 벌어지는 일에 대해 불공정하거나 합리적이지 않더라도 '일을 하다 보면 그럴 수 있지', '더러워도 참아야지'라는 분위기가 있었지만, 요즘에는 통하지 않는다. 특히 젊은 세대는 초등학교에서부터 시민의식을 함양할 수 있는 교육 과정 속에 자랐다. 사회적인 이슈에 대한 토론과 자기 의견을 적극적으로 말하도록 하는 교육을 받았기 때문에 자신의 목소리를 내고 공유하는 데 익숙하다. 그래서 공정하고 평등한 대우가 보장되는 직장을 중요하게 생각한다.

따라서, 회사도 다양화된 직업 가치를 수용할 문화를 만들고 변화에 익숙해져야 한다. 전통적인 회사의 위계질서 강조와 사람에 대한 이해 없이는 항상 인력 부족에 허덕일 수밖에 없다.

회사 규모가 작다는 것은 이런 변화에 유리하다. 조직의 구조가 단순하기 때문에 빠른 의사결정이 가능할 수 있다. 대표와 직원들의 의지를 합치하기도 용이하며 서로 간 활발한 상호작용으로 실제적인 조직 변화를 끌어내는 데 장점이 있다. 작은 조직들은 이런 특징을 살려 인재들이 지속해 관심을 가질 수 있는 우리 회사의 좋은 이미지 구축에 나서야 한다.

지원자를 부르는
채용 시스템 구축

인재 확보를 위한 4단계 절차

어떤 중소기업은 사람이 필요할 때마다 그때그때 회사 대표에게 충원 요청을 한다. 그러면 대표는 별도의 채용담당자가 없다 보니 해당 부서가 알아서 사람을 뽑은 후 자신에게 보고하라고 지시한다.

채용 공고문 작성을 떠맡은 부서의 막내 직원은 다른 회사들이 올려놓은 채용 공고문과 비슷한 형태로 뚝딱 만들어 버린다. 게재하는 것도 별다른 고민 없이 익히 알만한 채용 포털 사이트에 올리는 것으로 만족한다. 2주가 지났지만, 접수된 서류는 고작 두 장. 서류 전형은 생략한 채 두 사람 모두 면접을 보기로 한다.

그런데 부서장이 출장이다, 뭐다 바빠서 면접 날짜 잡기가 애매하다. 급한 대로 지원자들에게 내일 면접에 참석하라고 연락한다. 면접에 참석한 사람은 없다. 이제 똑같은 일을 처음부터 다시 반복한다.

이런 경험이 있다면 이제 벗어날 때이다. 중소기업이 채용계획을 미리 수립하고 표준화된 절차를 운영한다는 것이 어렵다는 점은 십분 이해한다. 하지만 향후 조직이 성장할 것을 감안하면 계획과 절차 마련은 필수적인 일이다.

먼저 중소기업에서 고려 해 볼 수 있는 인재 확보 절차를 다음 4단계로 제안한다. ① 계획 및 준비 단계, ② 모집 단계, ③ 선발 단계, ④ 입사 및 적응 단계이다.

① 계획 및 준비 단계

채용공고를 내거나 지원서를 평가하는 등의 실제적인 인재 확보 활동 전 단계이다. 하지만 이 단계를 생략해 나아갈 방향을 설정하지 않거나 대충 넘겨 버린다면 다음 단계에서 장애물에 부딪혀 더 많은 시간을 소모하거나 원하지 않는 사람을 뽑는 등 의도치 않은 결과를 받아 들 수 있기 때문에 소홀히 넘겨서는 안 된다.

이 단계에서는 채용 관련한 모든 관계자가 어떤 인재를 선발할 것인지에 대해 같은 이해와 방향이 설정되어야 한다. 인력이 필요한 부서 팀장, 인사팀이나 그 기능을 수행하는 책임자, 회사의 대표 등이 모여 해당 직무를 수행하는 데 필요한 역량을 명확히 하고 어떤 이력의 사람을 채용할 것인지 기준을 마련해 합의 하는 단계이다. 채용에 들어갈 예산을 결정하고 각 주요 단계에서 누가 어떤 역할과 책임을 맡을지 나누는 것도 이 단계에서 할 일이다. 또 채용 일정에 대한 합의와 어떤 채널로 인재를 모집할 것인지 등 세부적인 계획도 세워야 하며 필요하다면 면접관 훈련 계획도 포함되어야 한다.

② 모집 단계

구직자들이 우리 회사에 관해 관심을 두고 좋은 이미지를 구축할 수 있도록 하는 채용 공고문을 작성하고 정해진 채널에 적극적으로 유통하는 활동을 해야 한다. 중소기업은 잘 알려진 회사가 아니므로 진정성 있게 회사에 대한 소개와 마음을 담은 채용공고문을 작성해 시선을 끌 수 있도록 해야 한다.

③ 선발 단계

해당 부서 및 인사에서 접수된 이력서를 검토하고 자격 요건을 갖춘 사람을 선별해 면접을 진행한다. 사전에 정한 필요 역량을 갖춘 사람, 해당 직무 수행을 하는데 가장 적합한 사람이 누군지 알아내는 데 초점을 두고 진행해야 한다. 사전에 정해놓은 선발 기준을 벗어나 감에 의존한 평가를 하면 안 된다. 예를 들어 학벌이 좋다거나 기대 이상의 고학력자라서, 호감이 가는 외모 등의 이유로 애초에 없던 기준을 적용해서 덜컥 채용해 버리는 실수를 하지 않게 조심해야 한다.

④ 입사 및 적응 단계

중소기업 지원자의 상당수는 합격 안내를 받은 후에도 회사에 대한 의심을 놓지 않은 채 다닐만한 회사인가 고민하는 사람들이 많다. 그런데 회사가 합격했으니, 언제까지 출근하라고 명령하듯 해버린다면 합격자는 회사에 대한 편안함과 기대하는 대신 '출근 노쇼(No Show)'를 해버릴 가능성이 크다. 그렇기 때문에 신규 직원이 새로운 곳에서 하루빨리 자기 일터로 받아들일 수 있도록 돕는 노력까지 인재 확보의 로드맵에 포함되어야 한다.

중소기업 인재 확보를 위한 4단계 로드맵

1단계- 계획 및 준비	2단계- 모집	3단계- 선발	4단계- 입사 및 적응

·직무 확정
·인원 확정
·직무수행내용에
  따른 필요
  역량 정의
·예산 확정
·각 단계 역할과
  책임 부여
·다음 단계 계획
  수립
	·채용공고문 작성
	·채용공고문 유통
	·구직자 문의사항
	  피드백
	·입사서류 접수
		·역량 중심 서류
		  평가
		·면접 인원 확정
		·구조화 면접진행
		·역량에 따른
		  공정한 평가
		·합격자 결정
			·프리보딩 활동
			·온보딩 활동
			·직무배치면담
			·교육과 훈련

모집에 올인

"채용공고를 내봐도 지원자가 없다." 이런 탄식은 작은 규모 회사들에서는 하루 이틀 사정이 아니다. 특히 실무를 가장 잘 알고 일을 가장 많이 하는 3년 차 이상 10년 차 미만의 대리, 과장급 구하기는 하늘의 별 따기라는 말도 들린다. 채용이 워낙 어렵다 보니 헤드헌팅업체를 이용하는 경우도 잦아지긴 했지만, 이 역시도 인력난 해소의 뾰족한 해결책은 아니다.

채용담당자는 어떤 지원자를 선발할 것인가에 대한 고민을 많이 해야겠지만 그보다 중요한 고민은 '어떻게 지원자를 모집할까'다. 지원자가 와야 고르고 말고 하지, 고를 지원자도 없는데 서류전형과 면접전형이 가당키나 할까. 그래서 작은 규모의 회사들은 선별보다는 모집에 집중하는 전략이 필요하다.

대기업이나 공기업, 중견·중소기업 할 것 없이 모든 회사는 채용 시장에서 인재를 구한다. 모집 활동의 기본은 대체로 채용 포털이나 자기 회사 게시판에 채용 공고를 올리는 것이다. 대기업이나 잘 알려진 기업들은 이렇게만 해도 인재들이 우르르 몰려든다. 그 기업들은 채용 시장에서 지배력을 확보하고 있기 때문이다. 공채가 거의 사라졌지만 여전히 전통적 채용 시즌이 시작될 때면 대기업 중심의 경제 뉴스가 많은 편이다. 그들이 어떤 사업을 진행하고 있는지, 신사업은 무엇인지, 채용 규모와 인재상은 어떤지 친절하게 안내해 준다.

하지만 작은 기업들은 잘 알려지지 않았다. 스스로 우리 회사에 대해 알리는 노력을 해야만 채용 시장에서 살아남을 수 있다. 신입 지원자인 대학생들에게 왜 중소기업에는 지원하지 않는지 물어보면 급여나 복리후생 같은 답변도 돌아오지만 "어떤 일을 하는지 잘 알지 못해서", "회사가 안정적인지 알 수가 없어서", "무엇을 하는지 몰라 업무 전문성을 키울 수 없을 것 같아서"와 같이 정보 부재에 대한 피드백을 받게 된다.

작은 회사들은 패러다임을 바꿔야 한다. '선별'에 집중해서 채용 과정을 진행할 게 아니라 '모집'을 먼저 염두 해야 한다. 그러면 관점을 바꿔야 한다. '회사가 선택한다.'가 아니라 '지원자에게 선택받는다.'라는 관점으로 전환이 이뤄져야 '모집'을 위한 태도가 형성된다.

널리 알려진 기업들은 서류 마감 며칠 전에 공고를 올려도 기다렸다는 듯이 지원 서류가 몰려든다. 법과 도덕에 어긋나지만 않으면 자기가 정한 방식대로 입맛에 맞는 지원자를 고를 수 있다. 지원자들도 선택만 받을 수 있다면 그들의 기준에 맞추기 위한 어떤 노력도 마다하지 않겠다는 사람이 많다. 하지만 작은 회사들은 그 회사들처럼 칼자루를 쥐고 있지 않다. 채용 시장에서 중소기업은 철저히 '을'의 입장으로 선택받기 위한 노력을 해야 한다.

시장에서 선택받아야 하는 입장이 되면 자연스레 노력할 것들이 많아진다. 마트에 진열된 그 많은 제품은 고객의 선택을 받기 위한 노력의 산물이다. 마찬가지로 채용 시장에 내보내는 우리 회사 일

자리 역시 구직자의 관심과 선택을 받기 위한 노력의 산물이어야 한다.

채용 공고를 내도 지원자의 서류가 도착하지 않는다면 다음 장에 이어지는 채용 공고 작성하기를 적용해 보도록 하자.

마음 사는
채용 공고

채용 공고 내용

1. 우리 회사의 매력

먼저 우리 회사의 차별화된 강점을 알리자. 이 회사, 저 회사 여기저기에서 보이는 뻔한 회사 소개가 아니라 회사의 가치와 비전, 문화 등을 상세히 알려 매력적으로 보여야 한다. 물론 없는 내용을 그럴싸하게 포장만 해서 알려서는 안 된다. 거짓으로 인한 부작용이 훨씬 크기 때문이다. 우리 회사를 지속 가능한 회사로 조금씩 성장시킬 의지가 있다면 없는 내용을 지어낼 시간에 우리 조직은 어떤 매력과 강점이 있는지 생각하고 정리해야 한다. '구직자들이 다른 회사가 아니라 우리 회사를 선택해야 하는 까닭은 무엇일까?', '다른 회사들이 탐내는 우리 회사의 가치(강점)는 무엇인가?', '우리 회사만의 긍정적인 조직문화는 무엇인가?' 등 우리 회사의 매력 포인트를 찾아보자. 없다면 만들어 가야 한다.

이런 과정을 거쳤다면 채용 공고를 내 보자. 채용 공고를 낼 때는 구직자들이 중요하게 여기고 관심 가지는 내용들을 포함해야 한다. 그렇다면 구직자들은 규모가 작은 기업을 선택할 때 어떤 점을 중요하게 생각할까?

이와 관련해 참고할 만한 흥미 있는 조사가 있어 소개한다. 채용 정보와 기업 리뷰를 제공하는 플랫폼인 '잡플래닛'에서 2021년 잡플래닛에 남겨진 리뷰를 바탕으로 '일하기 좋은 회사를' 대기업과 중견·중소기업으로 분류해 각 25곳을 대상으로 장점 키워드를 분석했는데 다음과 같았다.

#눈치 #경영진 #팀장 #윗사람 #팀원 #구성원 #의사소통
#기본급 #성과급 #교육비 #상품권 #구내식당 #스낵바
#성취감 #성장세 #기술력 #자부심 #전문가 #자부심
#출퇴근 #칼퇴근 #재택근무 #금요일

일하기 좋은 중견·중소기업의 장점 키워드
출처 : 잡플래닛

이 조사에서 드러난 장점 키워드들이 새로운 것도 없고 특별한 것도 없다. 하지만 우리 회사는 일하기 좋은 회사일까를 스스로 진단해 보는 데 도움이 되는 키워드들이다.

가장 많이 나온 키워드는 '눈치'라고 한다. 누구의 눈치를 보지 않고 솔직하게 자기 행동을 할 수 있는 열린 조직문화를 원한다는 의미일 것이다.

또한 조직 구성원을 가리키는 '경영진', '팀장', '팀원' 등의 키워드도 다수 등장했다. 이 키워드들은 서로 북돋우며 일하는 문화, 회사의 직원 존중, 조직 내 활발한 커뮤니케이션이 가능한 회사가 일하기 좋은 직장으로 인정받는다는 의미일 것이다.

그리고 중견·중소기업에서도 '자부심'은 주요 키워드로 나타났다. 당장 높은 연봉이나 복지 혜택을 제공하지는 못하지만, 성장에 대한 기대감과 수준 높은 조직문화를 구축하려는 노력을 회사가 할 때 직원들은 자부심을 느끼고 만족감을 느낀다고 볼 수 있다.

에드 마이클스(Ed Michaels)는 책 《〈인재 전쟁〉》에서 'EVP'를 강조했다. 'EVP'란 'Employee Value Proposition'의 약자로서 직역하면 '직원 가치 제안'이 된다. 이는 회사가 직원들과 고용 계약을 맺을 때 '회사가 제공해 줄 수 있는 가치'를 말한다. 직원 입장에서는 회사를 선택하고 계속 함께 해야 하는 이유가 된다. 책에서는 '공정한 보상', '성장과 자기 계발', '개인 및 가족생활의 요구 충족', '동료와의 관계' 등 4가지 차원에서 직원 가치 제안할 것을 강조하며 지속해 'EVP'를 진화시켜야 한다고 주장한다.

회사가 제공해 줄 수 있는 가치(EVP)는 구직자들에게 아주 큰 영향을 미친다. 2015년 부산의 중소기업에서 사무직 직원 채용에 나섰다. 8명을 뽑는데 무려 1,238명이나 지원해 언론의 주목을 받았다. 초임 연봉이 약 2,400만 원에 불과했지만, 경쟁률 160대1을 기록한 것이다. 이런 사례는 또 있다. 2019년 인천의 한 중소기업이 생산 분야 직원 2명을 뽑는다고 공고를 냈는데 무려 1,536명이 지원해 경쟁률 768대1을 기록했다. 이 회사의 경우 산업재를 생산하는 회사라 업계 종사자가 아니면 알기조차 어렵고 매출이 약 50억에 불과한 작은 회사이다.

구직자들은 회사가 나에게 어떤 제안을 하고 약속하는지에 민감하다. 특히 작은 규모의 회사일수록 더욱 민감하게 반응한다. 그러므로 채용공고를 작성할 때는 단순히 급여의 문제가 아니라 구직자의 마음을 사로잡는 EVP를 충분히 고려해야 한다.

2. 보상

중소기업들의 채용 공고를 보면 대부분 보상 설계가 어떤지 공개하고 있지 않다. 구직자가 궁금해하고 불안해하는 중요한 요소를 빠뜨리고 있다. 우리가 일을 하는 이유는 명백하다. 생존과 안전의 기본적인 욕구 해결을 위해 돈이 필요해서이다. 그런데 이에 대한 명확한 회사의 제안이 없으니 생소하고 작은 회사에 지원하려면 불안감이 든다.

이 회사에 다니게 되었을 때 가족을 꾸릴 정도가 되겠는지, 전세 자금은 마련할 수 있을지, 학자금 대출 상환은 가능할지 등을 계획할 수 있도록 기초 자료를 제공해 주어야 한다.

특히 보상은 위생요인이라는 것을 알아야 한다. 위생요인은 당연하게 여겨지기 때문에 충족되지 않으면 불만족이 생긴다. 급여, 감독, 작업조건, 지위, 대인관계, 직장 안정성 등이 이에 해당한다. 따라서 최소한의 급여 액수를 표시한다거나 얼마에서 얼마 형태로 구간을 제시해서 알려 주는 것이 지원자 모집에 유리하다. 애매한 표현으로 '회사 내규에 따름', '협의 가능' 등으로 작성하지 말자. 더불어 소소하더라도 인센티브 제도나 스톡옵션 제도, 복지혜택 관련한 정보가 있으면 명확히 알려 주는 것이 좋다.

3. 성장과 자기개발

지원자들이 중소기업을 선택할 때 현재 모습이 아니라 그 회사의 미래를 예상해 보고 기대를 갖고 선택하는 경우가 꽤 된다. 그래서 이 회사에서 내가 맡게 될 일이 무엇인지, 자신이 잘할 수 있는 일인지, 내 경력과 연관성은 있는지, 회사에서 요구하는 역량은 무엇인지 조금 더 정확히 알기를 원한다. 회사 입장에서도 지금보다 조금 더 정확히 하는 일에 대해서 알릴 수 있다면 원하는 인재와 연결될 가능성이 커진다. 따라서 구체적인 업무 수행 내용에 대해서 내부적으로 정리한 뒤 실제 어떤 일을 하게 될지 채용공고에 가급적 자세히 기재 하자.

또한 지금처럼 불확실한 환경에서 사람들은 자신의 고용 안정성을 확보하기 위해 역량 향상에 관심이 많다. 그래서 새로운 것을 배우기 좋아하고 경력개발과 학습의 기회를 중요하게 여긴다.

그러므로 회사에서 직원들의 성장을 돕고 서로 촉진하고 배움을 공유하는 제도나 문화가 있다면 적극적으로 알려야 한다. 예를 들어 승진자 교육이나 직무 교육을 제공한다면 빼놓지 말고 알리자. 부서 간 지식 나눔 프로그램, 프로젝트 성과 공유, 직무 멘토링 제도, 도서 구입비 지원 및 교육비 지원 제도 등이 있다면 채용 공고문에 잘 보이게 쓰자. 이런 요소들은 구직자를 자극하고 동기 부여할 만한 중요한 요소가 된다.

추가로 회사가 상을 받았거나 고객이나 시장에서 인정받고 있는 것이 있다면 적극적으로 알려 배움과 성장의 기회가 있는 곳이라고 알리자.

4. 개인 및 가족생활의 요구 충족

요즘 사람들은 직장을 선택할 때 개인 생활과의 균형을 매우 중요시한다. 직장생활에서의 일이라는 것이 많은 압력 속에 이루어지기 때문에 직장인들은 일과 개인 생활을 구분 지어 일에서 벗어나 자유로워지고 싶어 하는 욕구가 강하다.

그래서 일과 생활의 행복한 동행을 제도와 문화적으로 만들어 가는 회사들이 주목받는다. 따라서 우리 회사가 워라밸을 위해 실천하고 있는 노력이 있다면 채용 공고문에 쓰자.

다음은 고용노동부가 선정한 워라밸 실천 우수기업의 몇 가지 사례이니 새롭게 만들어 가는 회사들은 참고해도 좋겠다.

· 생일 반차
· 근속 3년 단위 리프레시 휴가(5일)
· 월 1회 2시간 조기퇴근 가능한 슈가 데이 운영
· 회의문화 SMART3-Free
  (월요일 회의 금지, 회의 최소화, 1시간 이내 회의)
· 월 1회 리더 없는 날 시행 (조직책임자 권장 휴가)
· 사내 게스트하우스 지원
· 집중 휴식 시간(16:00~16:30)
· 징검다리 휴일을 단체 휴가로 지정
· 자녀 돌봄·교육을 위한 포인트 지급
· 조식, 음료, 다과 지원 서비스 운영
· 수요일 내부 행사 및 회식 금지
· 시차출근제도
· 낮잠 시간 운영
· 반반 차까지 연차 사용 가능
· 보고 없는 '보건 조퇴' 제도

5. 동료와의 관계

직원이 회사를 떠나는 가장 큰 원인은 일보다는 사람이 힘들어서라고 한다. 하지만 생각해 보면 힘든 회사 일을 이겨 내고 의지하며 회사를 계속 다닐 수 있게 하는 원동력도 사람이다. 동료가 때로는 성가시게 하고 화나게 할 수도 있다. 실망하게 할 때도 있어서 다 같이 열심히 한 일이 제대로 평가받지 못할 때도 있다.

하지만 우리는 사람과 어울려 일을 하면서 배우고 성숙해진다. 훌륭한 동료가 내 옆을 지키고 있고 그 사람과 함께 무엇인가를 성취해 가는 즐거움과 기대 속에서 일할 맛도 생긴다.

그래서 우리 회사에는 좋은 사람들이 있고 좋은 사람과 행복한 조직 문화를 만들어 가고 있다는 것을 알려야 한다. 일반적으로는 성숙한 회의문화, 개인 취향을 반영한 근무 환경·근무복장 허용, 팀끼리 함께 한 MT, 회사 내 동아리·독서 모임, 재미난 회식 문화, 축하 행사 등 서로 소통하고 동료 관계를 맺어 온 밝은 모습을 홈페이지와 회사 블로그, SNS 등에 올려서 지원자가 우리 회사에 신뢰를 형성하도록 해야 한다. 이때는 직원들의 웃는 얼굴과 역동적으로 활동하는 모습을 올리는 것이 좋겠다.

대체로 규모가 작은 회사들은 시간과 비용의 문제라서 그렇겠지만 채용공고를 공들여 작성하지 않는 편이다. 일반적으로 주요 업무, 지원 자격(학력, 경력 사항, 필요 스킬, 자격증 등), 요구조건

(지방 근무 가능, 운전 가능, 지방 출장 가능 등) 등 회사의 일방적인 요구 사항을 나열해 놓은 것이 전부다. 구직자들의 관심이 무엇인지 생각해 보고 그들의 선택을 받을 수 있게끔 할 수 있는 것들부터 보완해 나가자.

채용 공고문 작성 유의 사항

1. 눈에 띄는 제목

일반적으로 어떤 글이든 제목은 글의 핵심 내용을 요약하고, 읽는 이의 관심을 끌어 높은 클릭을 유도하는 역할을 한다. 제목을 대충 써서는 구직자들에게 우리 회사가 채용 중이라는 사실을 알리기 쉽지 않다. 제목은 의도를 갖고 유인하기 위해 전략적으로 작성해야 한다. 특히 요즘 사람들은 인터넷이나 SNS에서 정보를 입수할 때 빠르게 내용을 스캔하는 습관이 있다. 그러므로 눈에 띄는 제목은 아주 중요하다.

채용 공고문의 제목은 일단 구직자가 흥미를 느낄 수 있도록 하는 데 초점을 맞추는 것이 좋다. 대부분의 중소기업은 대기업처럼 이름이 잘 알려지지 않았다. 이럴 때는 회사의 자랑거리나 강점을 전면에 내 세워 제목으로 만들자. 구직자의 불안감을 희석하고 신뢰를 주기 위해서이다.

예) 〈매년150%성장 육가공 유통 'OO푸드' 구매 경력직 모집〉
　　〈15년 차 탄탄한 성장 'OO테크' 품질관리 경력사원 모집〉
　　〈엔지니어링 플라스틱 대표기업 'OO화학' 생산직 채용〉
　　〈평균 근속7년 'OO치과' 코디네이터 채용〉

그리고 특정한 성별을 모집한다는 제목은 남녀고용평등법에 저촉될 수 있기 때문에 유의해야 한다.

2. 성의는 기본, 진심을 담아

구직자에게 일자리는 상당한 고관여 아이템이다. 회사가 요구하는 일방적인 정보 나열과 성의 없어 보이기까지 한 회사소개는 구직자들의 눈길을 끌 수 없다. 철저하게 회사의 입장이 아닌 구직자 입장에서 필요한 정보를 줘야 한다.

채용공고문을 작성하는 사람이 구직자일 때 가장 궁금했거나 걱정했던 점을 떠올려 보자. 일을 하면서 어려웠던 점이나 싫었던 부분이 무엇인지 생각해 보자. 구직자도 비슷한 걱정과 궁금함을 갖고 있을 테니 그런 불안감을 해소 해줄 수 있는 회사 노력과 제도가 있다면 사실대로 쓰는 것이 좋다.

더불어 표현 방식은 말랑말랑해도 아무런 문제 없다. 유머를 섞어 재치 있게 표현할 수도 있고 여건이 된다면 이미지 형식으로 제공하면 더 큰 효과를 얻을 수 있다.

예) OO푸드는 높은 품질과 가성비 있는 제품을 소비자에게 공급
하기 위해 고급 수입육을 직접 가공하고 제조하여 판매하고
있습니다. A, B, C와 같은 자체 브랜드를 개발하였으며
고객 입맛 연구에 진심을 다해 매년 150% 이상 성장하고
있는 강소기업입니다. 식품 인으로서 전문성과 열정, 고객에
대한 마음을 기반으로 함께 나아갈 인재를 모십니다.

예) 마케팅이 뭔지 좀 아는 젊은 기업 OO기획이 기발한 생각과
능력을 갖춘 인재를 애타게 찾고 있습니다. 당신이 지금까지
꿈을 키워 나갈 곳을 열심히 찾았듯이, 우리 역시 당신의
빛나는 꿈을 기다리고 있습니다. 열정적인 자세로 광고 마케팅
시장을 주도할 인재를 모십니다.

예) · 저녁이 있는 삶-강제적인 정시퇴근
  · 편안한 업무 공간-자유로운 음악 Play
  · 책임감 있게, 그리고 자유롭게 (자유연차사용)

예) · 간식비 아낀다고 부자 될 것도 아니고 커피, 핫바, 아이스크림
  무한제공
  · 가족 같은 분위기를 기대하셨다면 우린 이미 가정파괴 되었음
  가족 같은 회사 분위기 싫어 함
  · 입사하고 다녀보면 다른 회사는 못 감
  (자율성에 1차 실신, 깨알 같은 복지에 떡 실신)

3. 투명하게 구체적으로

채용 공고의 기본은 정확성과 투명성이다. 직무 내용, 보상체계, 조직문화, 채용 일정 등 전반적인 내용을 가급적 정확하고 솔직하게 작성해야 한다. 투명하고 정확한 정보 제공은 그 회사에 대한 신뢰를 형성한다. 특히 MZ세대는 정보 감별에 능숙하다. 온라인의 다양한 채널을 통해 회사에서 제공하는 정보가 사실인지 조회하고 검증한다. 따라서 정보는 구체적으로 투명하게 제공되는 것이 좋겠다.

회사 소개나 복지 관련한 내용뿐만 아니라 업무 내용, 자격요건, 우대조건 등에 대해서도 가급적 구체적인 정보를 제공해야 한다.

예) · 야근 할 경우는 드물지만, 기본적으로 야근수당 있음
     (야근은 인원 충원이 필요한 때)
   · 임직원의 건강을 책임집니다
     : 연 200만원(본인/직계가족) 의료비 지원
   · 수평 조직을 만들어 갑니다
     : 전 직원 '책임' 호칭을 통한 수평적 문화 구축

예) · 직무 : 회계 및 재무
  · 업무내용 : 전표 및 증빙 확인을 통한 회계처리 적정성 검토
              자금집행 / 일마감
              법인카드 / 통장관리
              월 마감 / 결산 및 세무업무 지원
              부가세, 원천세 신고업무 지원
  · 자격사항 : 경력1년 이상 3년 미만
              ○○ERP 시스템 사용해 본 사람
              꼼꼼하다는 평가를 받는 사람
  · 우대사항 : 외부 회계 감사 수검 경험자
              회계 관련 자격 보유자, 컴퓨터 활용능력 1급

예) · 직무 : 온라인 MD
  · 업무내용 : ○○포털 스토어 운영 및 영업제안
              브랜드별 스토어 영업계획 수립
              스토어 상품운영 관리
              매출분석 및 목표관리
  · 우대사항 : ○○넷 이용 가능자
              모바일 라이브 방송 운영 경험자

예) · 직무 : 인사팀

　 · 업무내용 :　직원 입/퇴사 관리

　　　　　　　　신규 입사자 온보딩 프로세스 운영

　　　　　　　　직원 근무 환경 개선 및 복지 관리

　　　　　　　　월별 근태 및 연차 휴가 관리

　 · 자격요건 : 채용 플랫폼 사용해 보신 분

　　　　　　　기획 관련 공모전 활동 5회 이상이신 분

　　　　　　　(수상여부 상관없음)

　　　　　　　엑셀 데이터 관리 가능한 분

눈에 띄는 채용 공고 사례 (채용공고문 일부 내용을 발췌)

1) 전기 엔지니어링 서비스 기업

· 담당업무
　ㅇㅇ제작 & 품질검사
· 우대조건
　장기근무 가능자, 인근 거주자, 품질업무에 적합한 디테일한 성격
　핫바와 아이스크림 성애자, 가족 같은 분위기를 매우 싫어하는 분
　회사보다 집을 더 좋아하는 분
· 근무조건
　정규직(수습 3개월) , 주5일 근무, 9시~18시 근무
· 복지조건
　업무 : 업무난이도 낮음. 쉽게 진입 할 수 있게 맞춤형 교육 진행
　급여 : 신입기준 연2700만원 (주40시간) 부터 (임원 면접 후 결정)
　남성 육아 휴직 지원 (1명 혜택 중)
　워라밸 (Work and Life Balance) 강요
　휴일 : 공무원보다 더 쉼 (크리스마스 이브랑 12월 30일도 유급으로 쉼)
　근태 사용 : G메일 캘린더로 통보. 사유 받지도 묻지도 않음
　회식 : 매월 마지막 주 금요일 5시 퇴근 후. 참석 100% 자유.
· 회사 분위기
　철저히 수평구조
　 (업무보고 체계 없음. 보고용 문서도 없음. 오로지 나를 위한 자료뿐)
　지시(명령)보다는 협조를, 비난보다는 이해를 하는 대표 이하 직원
　낮은 이직률 (창립 멤버 그대로 유지. 그 외 5년 이상 근무 대다수)
　직원 모두 근무시간에는 업무로 하얗게 불태우고 6시에 집에 감
　향후 대표 목표는 주4일 근무 or 자율출퇴근제 도입
　회의는 필요한 것만 하며 극소수
· 전형절차
　서류전형-1차면접(실무진 면접)-2차면접(임원면접)-최종합격
　면접일정은 ㅇㅇ일 이후 통보 예정
　서류합격자와 불합격자에게 이메일과 SMS 메시지 통보
　 (불합격되더라도 기다리시지 않게 연락드리겠습니다.)

2) 웹투프린트 서비스 기업

· 회사의 강점과 경쟁력 :
연 000만 개의 디자인 작업! 2022년 00%이상 성장.
우리는 더 큰 도전을 위해 플랫폼화 및 글로벌 서비스를 준비 하고 있어요.
· 모집분야 : 고객응대 CS (B2C)
· 주요업무 : 채널톡, 젠데스크, 전화 등 자사 서비스 CS 응대
　　　　　　VOC 모니터링-고객 문의 데이터 수집 및 인사이트 도출
　　　　　　유관부서와 소통하며 고객 문의 이슈 해결
　　　　　　전반적인 고객 인입 클레임 분석 및 개선
· 자격요건 : CS리더스 혹은 SMAT 자격증 소지자
· 우대조건 : ① 고객 불편사항과 문제점에 대한 원인을 파악하여
　　　　　　　　서비스 단에서 개선 및 해결한 경험이 있으신 분
　　　　　　② 여러 가지 협업 툴의 경험이 있거나 습득이 빠르신 분
　　　　　　③ 인쇄관련 지식이 있으신 분
· 제출서류 : 이력서, 자기소개서
· 지원방법 : 채용포털 즉시 지원
· 근무형태 : 정규직(수습 3개월-정규직과 동일 대우)
· 근무지 : 상세 주소
· 근무시간 : 평일 9시~18시
· 급여 : 면접 후 협의
· 채용 절차 : 서류전형-1차면접-2차면접-최종합격
· 자율과 책임의 근무 환경을 제공 : 자율적 출퇴근, 원격근무 주1~2회
　　　　　　　　　　　　　　　　자유로운 휴가 사용
　굶길 수 없다. 삼시세끼 지원 : 아침 도시락, 점심 포인트 지원
　　　　　　　　　　　　　　저녁 식사비 지원(개인 스터디/업무 시)
　배움과 성장, 행복을 지원 : 업무 도서, 온라인 강의 비용 무제한 지원
　　　　　　　　　　　　　직원의 행복을 위한 행복개발비 지원
　회사 적응과 단합을 지원 : 온보딩 지원, 웰컴 키트 제공
　　　　　　　　　　　　　수평적인 문화, 3년 근속 리프레시 휴가
· 리얼 리뷰 : A직원 "서비스 향상 및 업무 환경 발전을 위해 의견을
　　　　　　　　제시할 수 있는 자리가 수시로 마련되어서 좋아요."
　　　　　　B직원 "다양한 업무 중 나의 특기를 살려서 업무할 수 있도록
　　　　　　배정이 됩니다."

3) 광고 및 행사 대행, 마케팅 대행 기업

· HRM담당자 모집
· 채용분류 : 경력 (만1년 이상)
· 근무형태 : 정규직
· 채용일정 : 서류전형(~ㅇ일까지)-1차면접(ㅇ일)-2차면접(ㅇ일)-입사(ㅇ일)
　　　　　채용일정은 추후 변경될 수 있습니다.
· 이런 업무를 합니다!
　① 근로기준법과 사규를 근거로 인사행정 업무를 처리합니다. (70%)
　　　-입·퇴사/승급/경력/인원현황 관리　　　-근로시간/휴가 관리
　　　-인사정보, 근로계약정보 시스템화
　② 문제해결의 기초가 되는 다양한 HR데이터를 관리/분석합니다. (30%)
　　　-HR데이터 수집 및 관리　　　　-HR데이터 시각화
　　　-구성원 대상 서베이/분석
· 이런 동료를 찾습니다!
　① 최소 1년 이상의 HRM분야 경험을 보유하신 꼼꼼하신 분
　② 논리적이고 명료한 구두 및 서면 커뮤니케이션 역량을 보유하신 분
　　　(엑셀, PPT를 활용한 보고서 작성 등)
· 이런 경험이 있으며 더 좋습니다!
　① 정형화되어 있지 않은 업무환경에서 찾아서 일해 본 경험이 있으신 분
　② 데이터 분석으로 문제를 발견하고 해결해 본 경험이 있으신 분
　③ MS Power BI, 태블로 등 데이터시각화 툴 사용한 경험이 있으신 분
· 동료의 한마디
　① 인사팀에 객관적인 시각과 따뜻한 피드백을 더해줄 동료를 찾습니다.
　② 각자 다른 개성을 가지고 있지만 서로 존중하며 함께하는 팀이에요.
　③ 함께 고민하고 헤쳐 나가려는 따스함이 있는 팀입니다.

4) 반려동물용 스킨케어 제품 제조 판매 기업

· 모집부문 : 온라인 MD
· 이런 일을 합니다.
 ① ㅇㅇ스토어를 전담해 커뮤니케이션을 진행하고 담당자와의 관계유지
 ② 경쟁사/유통사/자사매출을 분석하여 다양한 프로모션을 제안/운영
· 이런 역량이 필요합니다.
 ① 브랜드스토어를 운영하고 ㅇㅇ포털 단독 대형 프로모션을 진행해보신 분
 ② 온라인 스토어 MD를 경험하신 분
· 이런 경험을 할 수 있습니다.
 비즈니스 지표를 관리하고 개선을 통해 프로모션 기획능력을 기를 수 있음
· 채용절차
 지원 접수-서류 확인-실무 인터뷰-문화 인터뷰-처우 협의-최종 합격
· 우리가 강조하는 3가지
 ① 모든 구성원의 직급을 통일하여 직책만 부여하고 있습니다.
 ② 직책, 나이, 경력에 상관없이 서로간의 존대는 기본입니다.
 ③ 우리는 서로 프로페셔널하게 존중합니다. 입사 시 이전에 어떤 경험을
    했는지 공유하고 상호간 나이, 연차, 출신학교 등 개인정보를 유추할
    수 있는 그 어떤 질문도 하지 않습니다.
· 좋은 기업 문화와 더 나은 커뮤니케이션을 위해서 항상 고민합니다.
 서로를 이해하기 위한 프로그램이 있다면 자유롭게 제안해주세요.
· 인사 평가와 특별 보상
 우리는 상반기, 하반기 연 2회 정기 인센티브를 지급하며 직책, 연차
 관계없이 퍼포먼스 하나만으로 평가하여 보상을 제공합니다.
· 우리 회사에 일한다는 건
 선택적 근로시간제, 점심제공, 2년/5년 근무 시 추가 휴가,
 자유로운 연차 사용, 다양한 간식 제공

PART 2

인재 선발

역량
중심

역량

인터넷 커뮤니티에서 함께 일하고 싶은 동료로서 '일 잘하는 사람 vs 착한 사람'에 대한 논쟁을 심심치 않게 볼 수 있다. 일 잘하는 사람 편을 드는 사람들은 '회사는 일하는 조직이기 때문에 모든 것을 떠나서 실력이 출중해 성과를 내는 것이 최고'라는 주장이다. 회사 조직에서는 각자의 역할에 맞는 책임이 존재 하는데 실력이 없어 맡은 역할에 대해 책임지지 못하면 조직 구성원들에게 민폐를 끼치게 되니 일 잘하는 사람이 우선시된다는 논리다.

하지만 직장인 1,019명을 대상으로 한 취업포털 사람인의 조사에 따르면 인성이 좋은 사람을 동료로 두고 싶다는 의견이 더 우세했다. 인성이 훌륭한 동료를 선호한다는 응답은 49.4%였지만, 업무 능력을 선택한 응답자는 9%에 그쳤다.

그렇다면 업무 능력과 인성 모두 갖춘 인재를 뽑을 수는 없을까? 그러기 위해서는 '역량'을 평가하는 것이 현재로서는 가장 바람직한 것으로 알려져 있다.

그렇다면 역량이란 무엇인가?

'역량'이라는 개념은 1973년 맥클랜드(McClelland)에 의해 소개된 이후 수많은 학자에 의해 지속적인 연구가 진행되었다. 학자마다 '역량' 정의에 차이는 있지만 공통으로 지니는 요소를 종합하면 '역량'의 정의를 다음과 같이 할 수 있다. '역량'은 우수 성과자의 행동 특성이다. 역량은 개인과 조직의 성공적인 성과 달성에 있어 핵심이 되면서 관찰과 측정이 가능한 행동으로 표현되는 개인의 내재적인 특성이다.

역량은 기술(Skill), 지식(Knowledge), 태도(Attitude)로 구성된다. 기술은 알고 있는 것을 실제로 실행할 수 있는 능력이고 지식은 특정 분야에 대해서 말로 설명하거나 글로 표현할 수 있는 능력이다. 끝으로 태도는 개인이 갖는 가치관이나 사고방식, 성격이나 특성, 동기 등을 일컫는다.

인재경영을 하는 수많은 기업은 조직성과를 높이고 조직 문화를 발전시키기 위해 우수 성과자로부터 답을 찾고 있다. 회사에서 인정받는 우수 성과자들이 어떤 특징과 성향, 일을 대하는 자세를 가졌는지 지속해 관찰하고 인터뷰하여 공통점을 찾아 모델링한다. 모기업에서는 출퇴근 거리와 업무성과의 연관성을 파악하기도 하고 우수 성과자들이 쓴 글도 살펴본다고 한다. 높은 성과를 내는 직원들의 행동 특성을 기반으로 성과 창출을 위한 역량을 규명해 이를 조직 구성원들이 인식하고 학습하여 실천할 수 있도록 돕기 위해서이다.

역량 평가를 위한 질문 개발

회사가 일도 잘하면서 인성도 뛰어난 어느 정도 균형 잡힌 인재를 원한다면 면접의 질문은 지원자의 역량을 파악할 수 있도록 만들어져야 한다.

회사에서 요구하는 지원자의 역량은 크게 두 가지로 나눌 수 있다. 실제적인 업무를 수행하는 데 필요한 직무역량이 첫 번째이다. 직무와 직책 별로 다양한 역량이 요구될 것이다. 두 번째는 회사 구성원으로서 회사에서 추구하는 방향과 가치를 실현하는 데 필요한 공통 역량이다.

1. 직무 역량 질문 개발

· 1단계 : 직무상 업무 범위와 요구 역량 정의

직무 역량 면접 질문을 만들기 위해서는 먼저 해당 직무에서 요구하는 핵심적인 요구 역량이 무엇인지 정해야 한다. 그러자면 직무 담당자의 활동과 역할을 정리하고 해당 역할을 수행하는 데 필요한 역량을 태도, 지식, 기술로 나누어 구체화해야 한다.

또는 직책별로 역량을 정의 할 수도 있다. 직책에 따라서도 요구하는 역량이 다르기에 회사 상황에 맞게 정의해 보자.

· 2단계 : 행동 지표 도출

직무에서 우수한 성과를 내는 사람들은 일반적인 사람들과는 행동 특성이 다르다. 직무에서 우수 성과자를 선발하고 그들에게서 나타나는 행동 특성과 역량을 찾아보자. 향후 지원자의 답변과 비교할 모범 답안으로 활용할 수 있을 것이다.

· 3단계 : 질문 제작

우수 성과자가 보이는 동일한 경험이나 유사 경험을 묻는 말을 만들어 'STAR' 모형으로 구조화하고 평가 기준을 세운다. (STAR 모형에 대한 자세한 설명은 P.70)

예시) 어떤 외식업체에서 매니저를 도와 일을 할 '부매니저'를 선발
하려고 한다. 매니저는 매장 인력관리, 마케팅관리, 손익 관리
등을 주 업무로 하고 부매니저 업무는 다음처럼 정리해서
선발할 계획이다.

· 직무 : 식당 운영관리
· 직책 : 부매니저
· 업무 : ① 서비스관리
　　　　 : 상황 및 고객별 서비스 응대
　　　 ② 메뉴 품질관리
　　　　 : 메뉴 숙지, 메뉴 품질 평가, 조리 계획
　　　 ③ 매장 교육 관리
　　　　 : 교육 계획 수립 및 운영,
　　　　　 직원 요청 사항 수용 및 피드백
· 요구역량 : ① 서비스매뉴얼 작성 역량
　　　　　 ② 고객 접점 서비스 역량
　　　　　 ③ 서비스 실패 대응 역량
　　　　　 ④ 시간·일별·메뉴별 조리 계획 수립 역량
　　　　　 ⑤ 개선 의지, 지속성, 문제 해결역량, 소통 역량
· 질문 제작 : ① 고객의 불만을 처리해 본 경험이 있습니까?
　　　　　　 해결했던 과정을 순서대로 말씀해 주세요.
　　　　　　 행동의 결과는 어땠습니까?
　　　　 ② 식자재별 재고를 관리해 본 경험이 있습니까?
　　　　　　 그때 중점 사항은 무엇이었습니까?
　　　　 ③ 효율적인 일을 위한 구체적인 경험이 있습니까?
　　　　　　 당시 아쉬운 점이 있다면 무엇이었을까요?
　　　　 ④ 주기적으로 위생 점검을 해 본 경험이 있습니까?
　　　　　　 당시 목표는 무엇이었습니까?
　　　　　　 그 과정에서 어려운 점은 무엇이었나요?

2. 공통 역량 질문 개발

 공통 역량은 조직 구성원이라면 누구에게나 적용되는 기본적인 역량으로 회사 생활의 기준이 되는 가치라고 할 수 있다. 당연히 업무 수행과 조직에서 동료와의 생활에 적용되는 행동 기준이다. 그뿐만 아니라 외부 고객과의 관계에도 적용되어 영업활동이나 고객사와 협업에서도 중요하게 작동되는 가치들이다.

 따라서 공통 역량은 회사 구성원이라면 누구나 갖춰야 할 역량이다. 보통의 회사들은 회사 홈페이지 전면에 경영이념이라는 항목에 경영철학 및 핵심 가치, 인재상 등의 이름으로 내세우고 있다. 이는 대기업이나 규모가 있는 중견기업에서만 보이는 것은 아니다. 스타트 업이나 작은 규모의 회사들도 조직이 추구하는 가치가 무엇인지, 조직의 비전과 미션이 무엇인지 밝히면서 회사 성장의 길잡이로 활용하고 있다.

 회사마다 중요하게 여겨지는 공통 역량이 있겠지만 최근 우리나라 기업들은 어떤 가치를 중요시하여 공통 역량으로 정해 두고 있는지 대한상공회의소가 발표한 '우리나라 100대 기업의 인재상'을 기반으로 살펴보자. 이 조사는 국내에서 활동하고 있는 기업 중 매출액 상위 100대 기업을 대상으로 했다.

순위	2008년	2013년	2018년	2023년
1	창의성	도전정신	소통·협력	책임의식
2	전문성	책임의식	전문성	도전정신
3	도전정신	전문성	원칙·신뢰	소통·협력
4	원칙·신뢰	창의성	도전정신	창의성
5	소통·협력	원칙·신뢰	책임의식	원칙·신뢰
6	글로벌역량	열정	창의성	전문성
7	열정	소통·협력	열정	열정
8	책임의식	글로벌역량	글로벌역량	글로벌역량
9	실행력	실행력	실행력	실행력
10	-	-	-	사회공헌

인재상 순위 변화 추이
출처 : 대한상공회의소 100대 기업 인재상 보고서(2023)

　2023년 1월에 발표한 '우리나라 100대 기업 인재상'에 대한 최신 보고를 보면, 이전의 조사인 2018년 에는 '소통과 협력', '전문성'을 강조했던 기업들이 이번 조사에는 '책임 의식'과 '도전정신'을 강조하는 방향으로 바뀐 것을 알 수 있다. 앞선 네 번의 조사에서 '책임 의식'은 항상 중위권을 맴돌았는데 이번 조사에서는 무려 64개 기업이 '책임 의식'을 중요하게 여기는 것으로 나타났다. 'Z세대'가 본격적으로 채용되기 시작하면서 기업들의 인재상에 변화를 가져온 것으로 보인다. 또한, '사회공헌'이라는 새로운 인재상이 등장하였는데 이는 ESG를 중시하는 경영환경의 변화로 등장한 것으로 보인다.

중요시하는 인재상은 업종에 따라서도 다소 차이가 있다. 제조업은 대외불확실성이 증가함에 따라 '도전정신'을 강조하고, 금융업은 금융사고를 경계하는 차원에서 '원칙, 신뢰'를 중요시하고 있었다. 또 건설업은 현장 안전 차원에서 관계자들의 소통이 중요하기 때문에 '소통, 협력'을 최우선 역량으로 삼고 있는 것으로 나타났다.

순위	제조업	금융, 보험업	무역, 운수업	건설업	도소매업	기타 서비스업
1	도전정신	원칙·신뢰	책임의식	소통·협력	책임의식	책임의식
2	책임의식	도전정신	도전정신	도전정신	소통·협력	소통·협력
3	소통·협력	책임의식	소통·협력	원칙·신뢰	전문성	창의성
4	창의성	소통·협력	창의성	책임의식	열정	열정
5	열정	창의성	전문성	창의성	도전정신	사회공헌
6	원칙·신뢰	전문성	열정	전문성	원칙·신뢰	원칙·신뢰
7	전문성	열정	글로벌역량	글로벌역량	실행력	글로벌역량
8	실행력	글로벌역량	원칙·신뢰	열정	창의성	전문성
9	글로벌역량	사회공헌	실행력	실행력	사회공헌	도전정신
10	사회공헌	실행력	사회공헌	사회공헌	글로벌역량	실행력

업종별 인재상 순위
출처 : 대한상공회의소 100대 기업 인재상 보고서(2023)

공통 역량은 좋은 말만 가져다 구색 갖추기로 해서는 안 된다. 우리 회사의 지속적인 발전과 계획 달성을 위해 모든 구성원이 갖추고 행동해야 할 약속인 만큼 구성원 간의 합의와 공유가 중요하다. 우리 회사 임직원들이 공통으로 갖추어야 할 핵심 가치를 정해보고 질문을 개발해 보자.

질문에
대하여

열린 질문과 닫힌 질문

같은 내용이라도 어떻게 묻는가에 따라 돌아오는 답이 다르다. 그래서 질문 전에 알아둘 것이 있다. 먼저 '닫힌 질문'과 '열린 질문'을 이해하는 것이다.

닫힌 질문은 답이 정해진 질문이다. '예 또는 아니요'만으로도 그 질문의 의도에 맞춘 대답을 할 수 있는 질문이다.

지원자가 입이 무거운 성향을 보이고 있거나 내성적인 사람이라면 '닫힌 질문'에 단지 '예 또는 아니요'로 짧게 대답해 지원자에 대한 정보를 충분히 얻지 못할 가능성이 있다. 라디오를 듣다 보면 노련하지 못한 진행자의 '닫힌 질문'에 출연자가 '예 또는 아니요'로만 짧게 대답해 성의 없이 들릴 때가 있다. 대화는 뚝뚝 끊기고 이따금 발생하는 정적은 듣는 사람을 불편하게 한다. 출연자라도 인터뷰 경험이 많고 능숙했다면 알아서 풍성한 에피소드를 풀어놓겠지만 진행자와 출연자 모두 그렇지 않은 상황에서 닫힌 질문은 답답함을 더 할 뿐이다.

닫힌 질문은 지원자에 대한 충분한 정보를 얻지 못할 가능성이 있고 자연스러운 대화를 방해할 수 있기 때문에 적절한 상황에서 유의해 가며 사용해야 한다.

> 닫힌 질문 예시 : 평소 책은 읽습니까?
>
> 취미가 있습니까?
>
> 판매 경험이 있습니까?
>
> 사람들과 잘 지내는 편입니까?

반면 열린 질문은 답이 정해지지 않은 질문이다. '예 또는 아니요'로만 답해서는 질문자의 의도를 충족할 수 없는 질문이다. 아래에서처럼 열린 질문은 '무엇', '어떻게', '왜', '얼마나' 등으로 자세히 묻는 말이다. 그래서 주제에 대해 더 많은 답을 얻을 수 있고 지원자의 적극적인 반응을 자연스럽게 끌어낼 수 있다.

하지만 열린 질문은 면접관의 편견을 포함해 질문할 가능성이 있다. "등산이 친목 다지기에 좋은 활동 같은데, 지원자는 어떤 취미를 갖고 있나요?"처럼 물어서는 곤란하다.

열린 질문 예시 : 본인에게 영향을 미친 책은 무엇입니까?

여가에는 어떤 취미 활동으로 시간을 보냅니까?

판매를 어떻게 할 때 실적이 좋았습니까?

사람들과 잘 지내려고 어떤 노력을 합니까?

사람들과 잘 지내는 것이 왜 중요합니까?

열린 질문과 닫힌 질문 중에서 어느 한 가지 방식이 더 우월하다고 말할 수 없다. 면접관이 두 가지 질문 방식을 이해하고 상황에 맞게 효과적으로 사용하는 노력이 필요하다. 닫힌 질문으로 시작해 말문을 연 다음 점차 열린 질문을 늘려가며 물 흐르듯 면접을 진행하면 좋을 것이다.

직접적인 질문

직접적인 질문은 평소에 우리가 일상에서도 많이 사용하는 질문 방법이다. 내가 궁금한 것을 상대에게 직접적으로 물어보는 형식으로, 대개 정보를 얻거나 확인하기 위한 질문들이다. "당신은 어디에 살고 있나요?"처럼 내가 상대방에게 궁금해하는 것을 직접적으로 물어보는 형식이라 질문하는 데 별다른 고민이나 준비 없이도 편하게 할 수 있다는 장점이 있다.

하지만 이 질문 방식을 면접에서 사용할 때는 유의해야 할 점이 있다.

첫째, 묻는 사람이 'A'를 물어봐야겠다는 의지로 그 자리에서 질문을 만들어 내므로 지원자가 면접관의 의도를 뻔히 알 수 있는 경우가 많다. 그러면 지원자는 자신에게 유리하거나 사회 통념상 바람직한 답변을 하게 되어있다. 불이익을 받지 않기 위해 자신의 입장을 보호하면서 과장되거나 거짓 정보를 담아 답을 하는 것이다.

예를 들어 면접관이 지원자에게 "사람들하고 잘 어울리는 편인가요?"라고 물어봤을 때 내성적이어서 혼자 지내는 게 편한 사람이나 이전 직장에서 동료와 갈등이 있었던 사람일지라도 면접관이 원하는 답이 뻔히 보이기 때문에 면접관이 원하는 답을 대부분의 경우 주저 없이 해 버린다.

어떤 기업에 외부 면접관 자격으로 참여한 적이 있었다. 그때 회사 임원 한 분이 같이 면접관으로 동석했다. 이 임원은 모든 지원자에게 두 가지 질문은 꼭 했다. ①"스트레스 잘 받아요?", ②"집이 어디예요? 회사가 먼데 다닐 수 있어요?"라고 물었다. 그만둔 전임자들이 하나 같이 스트레스와 집이 멀어 다니기 힘들다는 이유로 퇴사한 탓에 이 두 가지 질문에 대한 답은 꼭 들어야겠다고 했다. 지원자들은 이 질문에 이구동성으로 "스트레스 잘 안 받는다.", "집이 멀어도 다닐 수 있다."라고 답했다.

아니 누가 면접에서 "집이 멀어서 다니기 어려울 것 같습니다."라고 하겠는가. 그런 지원자는 여태껏 만난 적도 없고 들어본 적도 없다.

그래서 그 면접관에게 다음부터는 "전 직장에서 스트레스받는 상황이지만 문제를 해결해 본 경험이 있나요?", "스트레스를 이겨내고 역할에 충실했던 경험이 있나요?", "회사 출퇴근 대책은 어떻게 세우셨나요?", "1시간 정도 걸리는 직장에 출퇴근한 경험이 있나요?" 식으로 바꿔 물어보도록 하였다. 이렇게 경험과 사례를 묻는 것이 왜 중요한지는 뒤에서 따로 설명하도록 하겠다.

둘째, 지원자가 질문에 대한 답이나 정보를 갖고 있지 않아 대답을 포기하는 경우가 생길 수 있다. 지원자는 혼란에 빠져 본인의 역량을 다 보여 주지 못할 수도 있고, 면접관은 이 하나의 장면으로 지원자를 역량 부족으로 낙인찍어 버리는 경우도 발생한다.

끝으로, 이런 질문들은 진부하다. 이 질문 방식은 평소 사용하는 친숙하고 편안한 방식이고, 짧은 시간 동안 많은 질문을 할 수 있어 오랜 시간 활용되었다. 그러다 보니 질문 자체가 뻔하고 '면접 빈출 100문 100답'처럼 자주 묻는 말과 모범 답안이 널리 제공되고 있다. 지원자 입장에서 이런 질문에 대해서는 대처하기가 용이하고 적절하게 모범 답안에 본인 상황을 꿰맞추기만 하면 면접관 눈속임도 쉽다. 요즘은 지원자들이 한발 더 나아가 인터넷 공간에서 '지원한 기업이 어떤 질문을 하였고 어떻게 답변하니 어떤 반응을 보이더라'는 정보도 공유하기 때문에 직접적으로 일반적인 사항을 물어보는 질문의 유효성은 크게 떨어졌다.

지원자들은 합격하고 싶은 마음에 당연히 단점은 숨기고 장점만 내세운다. 구직자들이 면접에서 거짓말이나 과장된 답변을 한다는 것은 새로운 사실이 아닌 만큼 이렇게 물을 때는 보완 장치를 두어야 한다. 뒤에 따라오는 후속 질문이 그것이다. 지원자를 알아보기 위한 구체적인 후속 질문을 통해 지원자에 대한 정확한 정보를 파악할 수 있다.

면접관 : 본인의 강점은 무엇인가요?
지원자 : 직무 역량을 갖추기 위해 필요한 자격증과~~
면접관 : 학습한 지식을 적용해 본 사례가 있습니까?
지원자 : 네 인턴 활동을 할 때~~
면접관 : 상사의 피드백은 어땠습니까?
지원자 : 네~~
면접관 : 지원한 직무에서 활용할 수 있을까요?
지원자 : 네~~

행동 사건 질문 (행동 사건 면접 BEI)

행동 사건 질문을 통한 면접은 가장 주목 받는 면접 기법이다. 이것은 과거 행동에서 미래 행동을 예측할 수 있다는 가정에서 등장한 면접 방식이다. 이는 행동주의 심리학에 뿌리를 두고 있다.

과거의 행동은 비슷한 상황에서 또 반복되기 때문에 지원자가 과거 특정 상황에서 실제로 어떻게 행동하였는지 알 수 있다면 입사 후에 벌어지는 미래 행동도 미루어 짐작할 수 있다는 것이다.

그래서 인재 선발에 진심인 기업들은 지원자의 과거 행동에 대해 질문을 하고 지원자의 답변 속에서 직무 역량 파악을 위한 구체적인 정보를 얻는 이 방식을 선호하고 있다. 앞서 "스트레스를 이겨내고 역할에 충실했던 경험이 있나요?", "1시간 정도 걸리는 직장에 출퇴근한 경험이 있나요?"처럼 묻는 말이 이에 해당한다.

이 방식은 지원자의 과거 경험을 묻는다고 하여 '행동 사건 면접(BEI : Behavioral Event Interview)'이라고 부른다. 약칭으로 '경험 면접'으로 부르기도 하고, 지원자의 역량을 파악한다고 하여 '역량 면접'으로 부르기도 한다. 또한 지원자에 대해 알고자 하는 역량을 미리 정해 두고 오프닝 질문과 후속 질문들을 표준화하여 마련한 뒤, 면접을 진행하기에 대표적인 구조화 면접으로 알려져 있다. 이 책에서는 '행동 사건 면접'으로 부르기로 하겠다.

행동 사건 면접은 전통적으로 이루어진 면접들보다 신뢰성이 높은 방법으로 인정받고 있다. 이 방식에서는 지원자에게 특정한 역량이 있는지 직접 묻지 않는다. 해당 역량을 실제로 발휘했던 경험을 묻는다. 지원자가 실제 행동했던 사례를 통해 면접관은 지원자가 직무 수행에 필요한 역량을 보유하였는지 평가한다. 자신의 역량을 발휘한 경험을 말하지 못하면 지원자는 좋은 평가를 받을 수 없다.

직접적인 질문과 행동 사건 질문을 비교해 보자.

· 직접적인 일반 질문 :
   "당신은 책임감이 있습니까?"

· 행동 사건 질문 :
   "조직에 기여하기 위해 책임을 다해 행동했던 경험이
   있습니까?"

"책임감이 있느냐"는 단순한 질문에 대해서는 의존적이고 남 탓을 일삼고 핑계가 습관화된 사람조차 "책임감이 강하다"고 대답한다. 하지만 책임감 있게 행동한 경험을 사례로 들어 구체적으로 말해 달라고 하면 그 자리에서 충분한 근거와 일관성 있는 답변을 하기란 여간 어려운 일이 아니므로 지원자의 과장과 거짓말을 알아채기 쉬워진다.

앞서 말한 것처럼 지원자들은 자신의 이익을 실현하고 자기 입장을 보호하기 위한 답을 할 수밖에 없다. 그러니 입사 후 상황이 반전된다. 주도적이라고 했던 사람이 하루아침에 "야근이 많아 회사 다니기 곤란하다", "일이 너무 많으니 사람 충원을 해 달라" 등등 불평을 쏟아 내며, 몇 달 지나지 않아 퇴사해 버린다. 좋은 말만 하도록 면접관이 물었으니 제대로 된 지원자를 선발하지 못한 것이다. 이런 채용의 리스크를 줄이기 위해 많은 조직에서 행동 사건 면접을 활용하고 있다.

행동 사건 질문 구조

작은 기업들도 행동 사건 면접을 얼마든지 진행할 수 있다. 그러기 위해서는 이 면접을 진행하는 질문 구조를 이해하는 것이 필요하다. 먼저 시작은 면접관이 '주(主) 질문'을 한다. 지원자의 과거 경험이나 상황을 파악하기 위한 시작 질문이다. 이어 지원자의 답변에 따라 검증을 위한 '탐색 질문'을 하게 되는데 실제 행동을 파악하기 위한 질문들이다. 행동 사건 면접에서는 지원자의 경험을 단순히 '했다, 안 했다'의 사실 확인에 그치는 것이 아니다. 지원자의 구체적인 행동 방식이 파악될 때까지 필요한 질문들을 계속 해야 한다. 지원자가 경험을 솔직히 얘기할 수 있도록 구체적인 행동과 생각을 알아볼 수 있는 질문을 연속해서 하는 것이다. 또 이 질문들은 각각의 별도 질문이 아니라 반드시 연계된 질문들 이어야 한다.

이때 사용할 수 있는 방법이 탐색적 질문 모형으로써 'STAR' 이다. 이는 과거 사건의 배경이나 상황(Situation), 그 상황에서 수행했던 과제나 역할(Task), 효과적인 역할 수행을 위한 구체적인 행동과 조치(Action), 이로 인한 구체적인 결과(Result)를 나타낸다.

탐색적 질문 모형으로써 'STAR'

상황 (Situation)	· 경험한 일은 언제 있었던 일입니까? · 어느 조직에서 있었던 일입니까? · 누구와 경험했던 일입니까? · 어떤 환경 이었습니까?
과제 및 역할 (Task)	· 상황 개선을 위해 무엇을 해야 했습니까? · 어떤 목표였습니까? · 본인의 역할은 무엇이었죠? · 특별히 요구 받은 것이 있습니까? · 중점적으로 해결해야 할 것은 무엇이었나요? · 목표를 설정하게 된 이유는 무엇입니까?
행동 및 조치 (Action)	· 목표 달성을 위해 특별히 무엇을 했습니까? · 그 과정에서 어려움은 무엇이었습니까? · 어떻게 극복 했습니까? · 왜 그 행동을 했습니까? · 같은 상황이 발생한다면 어떻게 하시겠어요?
결과 (Result)	· 결과는 어땠습니까? · 목표를 달성 했습니까? · 상황을 해결 했습니까? · 그 경험을 통해 배운 점은 무엇입니까? · 미흡한 점이나 개선할 점은 무엇입니까? · 주변인들의 반응과 피드백은 무엇이었습니까?

행동 사건 면접에서 STAR 모형을 반드시 적용할 필요는 없지만 체계적으로 지원자에 대한 정보를 수집하는데 용이 하므로 사용할 것을 권한다.

그럼 'STAR'를 활용한 예를 살펴보자.

면접관 : 스스로 목표를 설정하고 주도적으로 일을 처리해 본 경험이 있습니까?

지원자 : 인턴으로 근무할 당시 회사에 도움이 되면 좋겠다는 생각으로~~

면접관 : 그 목표가 왜 중요 했습니까?

지원자 : 회사의 주 고객층이~~

면접관 : 20대를 타깃으로 콘텐츠 제작 경험이 있나요?

지원자 : 네~~

면접관 : 제작 및 일련의 과정에서 어떤 점이 어려웠습니까?

지원자 : SNS 유입경로 파악과~~

면접관 : 어떻게 극복할 수 있었는지 구체적으로 말씀해 주세요.

지원자 : 우선 GA를 활용하여~~

면접관 : 그 경험 속에서 배운 점은 무엇인가요?

지원자 : 네~~

행동 사건 질문 시 유의사항

면접관의 질문에 모든 지원자가 성실하고 진실하게 답변하지는 않는다.

만약 지원자가 질문에 대한 구체적인 정보를 가지고 있지 않거나 머뭇거리며 횡설수설한다면 거짓 답변을 하고 있거나 꾸며 내는 시도일 수 있다. 자세한 내막을 모른 체 프로젝트 상황과 결과만을 가지고 이야기한다면 본인의 실제 경험이 아닐 수 있다. 이 경우에는 지원자가 '우리'라는 표현을 자주 사용하기도 한다. 은연중 '우리'라고 표현하는 것은 겸손함일 수도 있지만 자신의 역할이 애매하거나 다른 사람의 역할을 자기 것으로 만들려는 시도일 수 있기 때문에 탐색 질문을 통해 꼼꼼히 확인해야 한다. 그러니 탐색 질문은 다양하게 준비해야 하고, 현장성 있게 만들어질 필요가 있다.

그리고 면접 질문 내용들은 성공적인 직무 수행을 위한 역량과 관련성이 있어야 한다. 직무와 동떨어진 질문이나 애매한 질문을 하여 면접관의 직관이나 주관적인 가치가 개입되어서는 안 된다. 그래야 모든 지원자를 직무 역량이라는 동일한 기준에서 평가할 수 있다.

끝으로 면접 분위기가 긍정적일수록 지원자가 본인의 경험에 대해 더 자연스럽고 적극적으로 답변하게 된다. 후속 질문이 계속 이어지기 때문에 자칫 '취조'하는 것처럼 진행되지 않아야 한다. 행동 사건 면접은 '압박 면접'이 아니다. 지원자가 적절한 답변을 할 경우 격려하고 맞장구쳐 주면서 지원자가 더 많은 말을 할 수 있도록 해야 한다. 면접관이 뒷짐 지고 노려보면서 평가하면 소기의 목적 달성이 어려울 수 있으니 보다 적극적인 커뮤니케이션 노력을 해야 한다.

전통적인 일반 질문과 행동 사건 질문 비교

전통적인 일반 질문	행동 사건 질문
성격의 장점이 뭔가요?	장점을 발휘해서 성취를 이루었던 경험을 자세히 말씀해 주세요.
본인의 약점이 뭔가요?	조직 생활 중 본인의 약점을 느꼈던 경험에 대해 말씀해 주십시오. 극복하는 데 무엇이 가장 힘들었나요?
존경하는 사람이 있나요?	본인이 중요하게 여기는 가치에 따라 행동해서 뿌듯했던 경험이 있나요?
문제해결을 위해서 필요한 것은 무엇이라고 생각하나요?	자신이 경험했던 어려운 문제가 무엇인가요? 그 해결을 위한 자세한 노력과 방법을 말씀해 주십시오.
조직 생활 해 본적이 있나요?	다른 사람과 의견이 일치 하지 않는 상황에서 일을 해 본 경험이 있나요?
일을 할 때 우선순위를 어떤 식으로 정하나요?	처리할 일이 많아서 우선순위를 정해야 했던 경험이 있습니까?

전통적인 일반 질문	행동 사건 질문
인간관계에서 가장 중요한 것은 무엇이라고 생각하나요?	갖춰진 조직에 뒤늦게 합류해서 적응해야 했던 경험이 있으면 말씀해 주세요.
인생의 목표는 무엇인가요?	인생의 목표를 갖게 된 경험이 있습니까?
원하던 직무가 아니어도 가능 하시겠어요?	본인이 원하지 않지만 조직이나 주변 환경의 요구에 의해 최선을 다한 경험을 말씀해 주세요.
야근이나 주말 근무도 가능 합니까?	손해를 감수하면서 다른 사람이나 조직을 위해 일을 책임 졌던 경험이 있습니까?
거래처와 갈등이 있을 경우 어떻게 하시겠습니까?	중요한 사람과 갈등을 겪은 경험이 있습니까? 왜 그런 일이 생겼지요? 해결 방법은?
악성 고객이 불합리하게 컴플레인을 계속 한다면 어떻게 하시겠어요?	악성 고객을 응대한 경험이 있습니까?
입사 한다면 어떤 자세로 일을 하시겠습니까?	잘 모르는 분야에 도전해서 성취를 이룬 경험이 있습니까?

상황 질문

회사에서 일을 할 때 발생할 수 있는 다양한 상황을 제시하고 지원자가 어떤 행동을 할지 반응을 보며 지원자의 역량이 어느 정도인지 가늠하는 질문이다. 지원자는 업무 수행 시 일어 날 수 있는 특수한 상황을 제시받고 어떻게 대처할지 답변해야 한다.

상황 질문을 통한 면접의 장점은 지원자가 사전에 적절한 모범답안을 만들어 놓을 수 없기 때문에 지원자의 실제 역량을 파악하는데 조금 더 용이하다.

신입 지원자의 경우 평소 생각하지 않았거나 경험해 보지 못한 상황일 수 있어 까다로워하는 편이다. 경력 지원자의 경우에도 제대로 된 일 경험이 없다면 까다로워하는 것은 마찬가지다. 소위 말하는 '물 경력'을 가려내는 데 효과적이다. 특히 관리자급을 채용할 때는 업무에서 일어날 수 있는 여러 가지 상황에 어떻게 대처할 것인지 물어보는 것이 필요한데 이때 상황 질문을 하고 지원자의 답변을 살피는 것이 좋다.

면접관 입장에서 상황 질문을 제대로 하고 올바른 평가를 하기 위해서는 면접관 스스로가 해당 질문에 대한 모범답안을 갖고 있어야 한다. 그렇기 때문에 회사의 비즈니스에 상황과 산업 및 시장에 대한 이해를 제대로 하고 있어야 한다. 또한 회사의 핵심 가치와 인재상에 따라 선호하는 인재가 다를 수 있으므로 이에 대해서도 명확한 이해가 선행되어야 한다.

과거 회사에서 특정 이슈가 발생했을 때 고성과자의 모범사례와 저성과자의 실패 사례가 있다면 이를 기반으로 질문을 하고 답변을 고성과자의 행동과 비교해서 평가하는 것도 좋겠다.

상황질문 예시

· 동료 한 명과 프로젝트를 진행하는데 동료 직원이 맡은 바 일 처리를 하지 못해 문제가 발생하고 있습니다. 이런 상황에서 어떻게 대처하겠습니까?

· 조직 생활에 가장 해가 되는 사람 유형은 무엇인가요? 그런 사람이 본인 팀장이라면 어떻게 조직 생활을 할 수 있겠습니까?

· 본인의 업무 성과를 바로 위 선배가 독차지한다면 어떻게 하시겠습니까?

· 상사가 비윤리적이거나 불법적인 일을 하도록 지시한다면 어떻게 하시겠습니까?

· 팀 내 몇 년째 성과가 부진한 직원이 있습니다. 팀장으로서 어떻게 하시겠습니까?

· 팀원이 고객과 A/S 처리를 약속하였는데 시간에 완료하지 못했습니다. 고객이 크게 화를 내는 상황입니다. CS 관리 책임자로서 이 상황을 어떻게 하시겠습니까?

면접
구조화

 구조화된 면접(Structured Interview)은 회사가 원하는 인재를 효과적으로 채용할 수 있도록 돕는다. 회사의 핵심 가치, 인재상, 직무 역량에 따라 적합한 질문을 구성하고 면접 진행과 평가에 이르기까지 일관성 있고 체계적으로 면접이 이루어지도록 구성하는 것을 말한다.

 현재 우리 회사채용 과정에서 보편적으로 활용되는 면접 방식은 어떤지 살펴보자. 별다른 준비와 계획 없이 그때그때 상황에 맞춰 면접을 진행하고 있다면 지원자의 역량 파악을 충분히 할 수 없게 되고 면접관의 오류로 인해 제대로 된 인재 선발을 할 수 없을지도 모른다.

 하지만 면접을 구조화하게 되면 다음과 같은 장점이 있게 된다. 지원자의 능력을 더욱 정확하게 평가할 수 있고 면접관이 공정하고 일관성 있는 평가를 하게 된다. 구체적으로는 다음과 같은 이유로 면접 구조화가 필요하다.

역량 파악 가능

면접관은 지원자의 역량 여부를 파악하기 위해 이런저런 질문을 통해 정보를 모으게 된다. 모은 정보를 기반으로 지원자의 미래 행동을 예측한다. 그런데 질문 내용, 질문 방법, 평가 기준 등을 준비하고 계획해 두지 않으면, "책임감은 있는 편이세요?", "열심히 할 수 있죠?"와 같은 헛된 질문으로 시간을 허비하고 잡담만 하다가 면접이 끝나 버린다. 이에 대한 평가는 당연히 말재주가 좋거나 임기응변에 능한 사람, 외모적으로 호감이 가는 사람에게 기울 것이다.

일관성 있는 평가

면접 구조화를 통해 면접자의 능력을 평가할 때 일관성을 유지할 수 있습니다. 면접관은 이미 준비된 면접 내용에 따라 계획대로 면접을 진행 시킨다. 면접 질문은 회사 내에서 이미 확실한 성과를 내는 인재들의 행동에서 찾아낸다. 인정받고 있는 고성과자들의 공통적인 특성을 파악한 후, 필요 역량을 체계화하고 이를 면접 질문으로 활용하는 방식이다. 이렇게 정해 놓은 역량을 파악하기 위해 준비된 질문을 사용하기 때문에 지원자에 대한 주관적인 판단은 최소화된다. 또 모든 지원자에게 같은 순서에 따라 같은 질문이 공통으로 주어지므로 객관화할 수 있고 비교 평가도 가능하다. 그래서 면접관이 각각의 면접자를 공정하게 평가할 수 있다.

평가 기준의 명확화

면접 구조화를 통해 평가 기준을 명확하게 정의할 수 있다. 평가 기준이 명확해지면 면접자와 면접관 모두가 더욱 명확한 이해를 갖게 되어, 면접자들의 역량을 평가하는 것이 더욱 용이해진다. 면접관은 지원자와 여러 방면에서 차이가 있다. 나이 차이에서부터 문화적 경험 차이, 가치관과 윤리적 의식에 있어 다름이 존재한다. 이 차이를 극복하지 못하면 한 지원자를 두고 면접관마다 본인 입장에서 각각 다른 평가를 하게 된다. 이런 면접 결과를 두고 회사는 물론 지원자 모두 신뢰할 수 있겠는가? 서로 다른 면접관이 동일한 지원자를 평가했을 때 그 결과가 같아야 한다. 그러기 위해서는 질문 내용과 질문 방법, 평가 기준 등을 자세히 준비해 계획에 따라 면접을 진행해야 한다.

시간과 비용 절감

면접 구조화를 통해 면접관들은 면접자들의 능력을 평가하기 위해 사용하는 시간을 절약할 수 있다. 면접관들은 미리 정해진 질문을 사용하므로 면접 소요 시간을 줄일 수 있으며, 면접관들은 효율적으로 시간을 사용할 수 있게 된다.

또한 면접자의 과장이나 거짓 등을 파악하기에도 용이하다. 지원자가 준비된 질문에 대해 구체적인 정보 노출을 주저한다면 거짓 정보가 숨어있을 가능성이 크다. 말재주나 꾸며낸 대답으로 계획된 질문에 대처하기란 거의 불가능하다.

공통 역량
질문

공통 역량을 확인할 수 있는 면접 질문 예시를 제시한다. 우리 회사에 적합한 질문을 만드는 데 참고하면 좋겠다. 역량의 의미는 회사마다 다르게 해석되고, 회사의 조직문화도 다르고 주로 사용하는 용어도 차이가 있으니, 우리에게 적합한 질문을 개발하는 것이 중요하다. 또 직책에 가장 적합한 질문 개발 노력도 필요하다.

여기서는 대한상공회의소에서 2023년 1월에 발표한 '우리나라 100대 기업이 원하는 인재상'이라는 보고서의 공통 역량과 세부적인 주요 키워드를 중심으로 살펴보겠다.

역량	역량별 키워드
책임의식	책임감, 성실성, 사명감, 고객중심, 고객만족 등
도전정신	개척, 모험, 과감한 시도, 위험 감수, 변화 선도 등
소통·협력	동료애, 공동체의식, 팀워크, 대인관계, 시너지, 협업, 배려 등
창의성	상상, 인식전환, 독창성, 가치창출, 혁신, 창조적 사고 등
원칙·신뢰	인간미, 도덕성, 정직, 무결점, 공정, 기본, 존중, 정도 등
전문성	최고, 자기계발, 전문가, 현장지식, 프로페셔널, 실력, 탁월, 경쟁력 등
열정	승부근성, 체력, 건강, 자신감, 진취 등
글로벌역량	열린 사고, 국제적 소양, 어학능력, 미래, 유연한 사고 등
실행력	신속한 의사결정, 리더십, 추진력, 실천, 성과 등
사회공헌	사회적 책임과 역할, 사회적 가치, 사회적 신뢰, 봉사, 상생 등

출처 : 대한상공회의소 보고서
'우리나라 100대 기업이 원하는 인재상'

책임의식

책임 의식이 없으면 결국 그 손해는 자신에게 귀결된다. 책임 의식은 단순히 주어진 업무를 차질 없이 수행해야만 하는 의무감이기보다는 자신의 상황을 극복하고 원하는 결과를 달성하는 데 필요한 습관이다. 책임 의식을 가진 사람은 개인적인 일이든 회사 일이든 자기가 맡은 일에 대해서는 효율성을 높이고 더 나은 성과를 이루기 위해 능동적인 노력을 한다. 이런 습관은 자신의 역량을 향상하고 자존감을 강화한다.

일부에서는 직장인에게 주어진 권한이나 급여보다 과한 책임 의식을 요구하는 것은 옳지 않다며 냉소적인 말을 한다.

하지만 책임 의식은 조직 생활의 기본이라는 사실을 부인할 수 없다. 학창 시절 조별 과제 때마다 이 핑계 저 핑계 대며 참여하지 않는 친구들, 한마디 말도 없이 연락을 끊어 버리는 무책임한 동료로 인해 고생해 본 경험은 누구나 갖고 있다. 그때마다 다시는 책임감 없는 사람과는 결코 같은 배를 타지 않을 것이라고 다짐했을 것이다. 책임 의식은 동료 간 믿음과 존중을 만들어 낸다.

그래서 책임 의식을 가진 사람들이 모인 조직은 더 높은 생산성과 끈끈한 조직력을 갖는다. 급변하는 경영환경에서 새로운 지식과 기술을 흡수하는 열린 태도를 형성하고 예상치 못한 난관을 슬기롭게 극복하는 능력도 보인다.

그런데 코로나 팬데믹 이후 '조용한 사직(Quiet Quitting)'이라는 신조어가 등장했다. 회사를 그만두지는 않지만, 애정이나 열정 없이 월급 때문에 마지못해서 정해진 시간과 업무 범위 내에서만 일하는 방식을 일컫는다. 신조어가 생길 정도면 이미 많은 조직은 직원들의 책임 의식 결여로 어려움을 겪고 있다는 뜻이다.

이에 대해 글로벌 리더십 교육훈련 기관인 '데일카네기코리아'는 직원 인게이지먼트(Employee Engagement)를 강조한다. '직원 인게이지먼트'란 직원들이 높은 성과를 위해 정서적으로 헌신한 상태를 말한다. 직원들이 책임 의식 속에 일에 열정적으로 몰입하고 조직에 대한 일체감을 느끼는 것이다.

이를 위해 신경 써야 할 것은 책임 의식 강한 직원을 채용하는 것도 있겠지만 올바른 인재경영을 바탕으로 직원 인게이지먼트를 향상할 수 있는 조직 문화 구축과 리더십 강화이다.

스타트업과 중소기업은 높은 연봉과 직원 복지에 많은 돈을 쓸 수가 없다. 하지만 직원 인게이지먼트는 급여와 복지에 전적으로 의존하고 있지 않기에 바람직한 리더십과 향상된 조직문화 구축으로 가능하다. 흔히 직원들은 회사를 떠나는 것이 아니라 사람을 떠난다고 한다. 작은 기업들일수록 직원 인게이지먼트를 높이기 위해서 직속 상사와의 관계, 경영진에 대한 신뢰, 조직에 대한 자부심을 점검하고 향상을 위해 끊임없이 고민하고 노력해야 한다.

다음 책임 의식을 알아볼 수 있는 질문을 참고 하자.

(키워드 : 책임감, 성실성, 사명감, 고객중심, 고객만족 등)

· 부서나 팀 단위의 비전을 세웠던 경험에 대해서 자세히
  말씀해 주세요.
· 자신이 설정한 중요 목표와 그 달성을 위해 노력한 사례를
  말해주세요.
· 목표 달성을 위해 직원들의 의욕을 끌어 올렸던 경험을
  구체적으로 말해주세요.
· 선제적으로 변화를 실행하여 대비했던 경험이 있나요?
· 책임감을 갖고 문제를 해결한 경우가 있나요?
· 맡은 일을 끝까지 책임지고 성실하게 처리한 경험이 있나요?
· 사명감을 갖고 일을 해 본 경험을 말해 주십시오.
· 책임감을 갖고 문제를 해결한 경우가 있으면 말해 주십시오.
· 누가 시키지 않아도 자발적으로 일을 해서 끝맺음을 한
  경험이 있나요?
· 까다로운 고객을 상대로 효과적으로 응대했던 경험을
  얘기해 주세요.
· 손해를 감수하면서까지 역할에 충실해 본 경험이 있나요?
  언제였나요? 왜 그렇게 했지요? 어떻게 했나요?
  동료는 뭐라고 하던가요?

도전정신

피터 드러커(Peter Drucker)는 예전 인터뷰에서 한국 기업들의 도전 정신을 높게 평가하였다. 그는 일제 강점기와 전쟁을 겪으면서 한국인이 경영하는 기업다운 기업이 한국에 거의 없었지만 특유의 도전 정신으로 2000년대에 들어 약 20개 이상의 산업에서 세계 일류 수준의 반열에 올라섰다며 치켜세웠다. 그러면서 성공에 매몰되거나 개발도상국과의 경쟁에 지쳐 새로운 미래로 나아가는 것을 주저해서는 안 된다는 조언을 했다.

실제로 피터 드러커는 기업만이 아니라 한 사회의 구성원 모두가 본질적으로 자기 혁신의 자세를 가져야 한다고 강조했다. 그래야 우리 사회가 다음 단계로 진화해 나갈 수 있다고 본 것이다. 이뿐만이 아니다. 헨리 포드는 '배움을 멈추는 자는 20대건 80대건 늙을 것이지만, 배움을 지속하는 사람은 누구나 젊음을 유지한다'고 했다. 이런 사람들이야말로 변화에 대처하는 도전성을 바탕으로 지적 능력 향상과 변화에 대응하는 태도를 강화해 나갈 것이다.

세상의 모든 분야는 빠르게 변화하고 있기 때문에 지속해 새로운 일에 도전하는 지원자인지, 자신의 실수에서 배움을 얻는 지원자인지 확인해야 한다.

다음 도전정신을 알아볼 수 있는 질문을 참고 하자.

(키워드 : 개척, 모험, 과감한 시도, 위험 감수, 변화 선도 등)

· 현실보다 더 높은 수준의 목표에 도전한 경험이 있나요?

· 주위에서 과감한 시도라고 할 만한 도전을 해 본 경험이
  있나요?

· 호응이 없으리라는 것을 알면서도 과감히 결정하고
  실행한 경험이 있습니까?

· 성공이 불확실하지만 도전해 본 경험이 있나요?

· 주변 사람들의 반대를 무릅쓰고 시도 해 본 일이 있나요?

· 당장 불이익이 되겠지만 그것을 무릅쓰고 건설적인 의견을
  제시했던 경험이 있습니까?

· 능력에 벅찬 일이 주어진 경험이 있나요?
  어떤 상황이었죠? 어떻게 했나요?

· 과거에 해본 적이 없던 것을 시도해야 했던 경험에 대해
  말해 주세요.

· 고객 요구를 만족시키기 위해 회사의 정책이나 업무에 대해
  변화 제안을 해본 경험이 있나요?

· 이전 직장에서 새롭게 변화를 시도한 적이 있나요?
  성공했나요? 어떻게 성공했죠?

· 어떤 난관이 있었나요? 전임자의 반응은 어땠나요?
  상사는 뭐라고 평가했습니까?

소통과 협력

회사에서 발생하는 대부분의 문제는 혼자 해결할 수 없는 구조이다. 부서 내 협력, 부서 간 협력, 외부 관계자와의 협력 등 여러 사람과 협력을 통해 문제 해결을 해 나가고 그 과정에서 회사는 성장하게 된다. 이때 소통의 역할은 두말할 필요도 없다.

그래서 기업들은 소통과 협력의 해결책을 찾기 위해 많은 고민을 하고 대안을 세운다. 특히 효과적인 소통 능력이 성공적인 직장생활의 필수적인 요소이기에 채용할 때 유독 신경을 쓴다. 하지만 만만한 일은 아니다. 지원자의 스펙이 우수해 보여 유능한 사람이라고 판단해 채용했는데 막상 현업에서는 문제가 드러나기 일쑤다. 처음부터 회사 사람들과 적극적인 소통을 포기하고 혼자 겉돈다거나 갖고 있는 정보를 독점하기도 한다. 일 처리 상황을 전혀 공유하지 않아 물어봐야 겨우 피드백을 해주는 답답한 사람도 있다. 특히 동료나 상사와의 갈등이 생겼을 때 적절한 소통을 할 줄 몰라 조직 갈등으로 확대되기도 한다.

소통은 훈련으로 발전시킬 수 있는 기술이고 개인의 의지가 크게 반영된다. 상황에 맞는 적절한 커뮤니케이션을 할 수 있는 사람을 찾아보자.

다음 소통과 협력을 알아볼 수 있는 질문을 참고 하자.

　(키워드 : 동료애, 공동체, 팀워크, 대인관계, 시너지, 협업, 배려 등)

· 업무 처리 방식이 매우 다른 사람과 팀을 이뤄 일을 해본
　경험이 있나요?

· 다른 사람과 의견이 다를 때, 어떻게 자신의 의견을 관철
　시킬 수 있을까요? 그런 경험이 있나요?

· 동료가 실망할 수 있지만, 솔직히 얘기 했던 경험이 있나요?

· 조직 속에서 본인만의 소통 방식이 있나요?
　그런 구체적인 경험을 얘기해주세요.

· 흥분한 동료를 대해야 했던 경험이 있습니까?

· 동료에 대한 감정적이거나 민감한 문제를 현명하게
　의견 전달한 경험이 있나요?

· 감성이 아주 풍부한 사람을 대해야 했던 경험이 있습니까?

· 고객의 니즈를 파악해 성과로 연결한 경험이 있나요?
　어떻게 숨겨진 니즈를 파악할 수 있을까요?

· 소통이 신중해야겠다고 느꼈던 경험이 있나요?
　그 상황에서 최선의 커뮤니케이션 방식은 무엇이었나요?

· 유머러스하게 긴장된 상황을 해소했던 경험이 있나요?

· 팀 프로젝트를 하면서 동료와 갈등을 겪은 적이 있나요?
　왜 문제가 발생했죠? 어떻게 대처했나요?
　상대 입장에서 화를 낸 이유는 무엇일까요?

- 자신이 상사를 위해 최고의 노력을 했던 사례에 대해 말씀해 주세요.
- 일을 스스로 처리하기보다는 상사나 선배와 논의해 일을 성공적으로 처리한 경험을 말씀해 주세요.
- 선배나 상사에게서 배운 것이 자신 역량 향상에 도움이 되었던 사례가 있으면 얘기해 주세요.
- 자신이 나서서 해결책을 제시하기보다 팀원 스스로 문제 해결을 할 수 있도록 지원한 경험에 대해 말씀해 주세요.
- 팀원에게 일정 권한을 위임하여 성공적으로 결과를 얻었던 사례에 대해 말씀해 주세요.
- 팀원의 업무 처리에 도움이 되는 정보를 제공해 성공적으로 일을 처리한 경험을 말씀해주세요.
- 자신만이 알고 있는 유용한 정보를 기꺼이 함께 공유했던 적이 있나요?
- 다른 사람들과의 협력을 위해 자신 스타일을 바꿔야 했던 경험이 있나요?
- 서로 존중하고 유연한 분위기를 만들기 위해 취했던 조치가 있다면 말씀해 주세요.
- 비즈니스를 위해 사람들과 새로운 관계를 구축하고 유지해야 했던 경험에 대해 들려주세요.

창의성

일을 하다 보면 이전과는 다른 상황에서 새로운 방식으로 문제를 해결해야 하는 상황을 맞을 때가 있다. 기존과 같은 방식으로 처리할 수도 있지만 효율적이지 못할 경우에는 새로운 방법을 모색할 수 있어야 하므로 창의적인 인재가 필요하다. 창의성은 갖고 있는 지식이나 경험 등에 대해서 여러 관점이나 새로운 방향의 질문을 던짐으로써 구현할 수 있다고 한다. 그런 측면에서 기존 방식과 다른 새로운 시도를 통해 문제를 개선한 경험이 있는 지원자를 찾아보자.

다음 창의성을 알아볼 수 있는 질문을 참고 하자.
(키워드 : 상상, 인식전환, 독창성, 가치창출, 혁신, 창조적 사고 등)

· 창의적인 문제 해결법을 알고 있는 게 있나요?
  적용해서 변화를 끌어낸 경험을 얘기 해주세요.
· 기존의 방식에 의문을 품었던 경험이 있나요?
  그 이후 본인의 행동은 무엇이었나요?
· 기존에 하던 방식에서 벗어나 새롭게 일을 시도해 본 경험이
  있나요? 결과와 주위 평가는? 본인의 평가는?
· 업무상 문제에 대해 창의적인 해결책이나 아이디어를 제시
  했던 경험이 있다면 자세히 얘기 해주세요.

· 고정된 일 처리 방식에서 벗어나 새롭게 일 처리 방식에 변화를 준 것이 있나요?

· 본인이 주도적으로 변화를 추진하고 노력을 기울인 경험이 있나요?

· 최근 업무 영역이나 개인 영역에서 새롭게 제안해 본 것이 있으면 말씀해 주세요.

· 오랜 기간 미해결 상태의 문제를 해결하는 데 기여한 경험이 있습니까?

· 업무에서 다소 독특한 아이디어를 제시받은 경험이 있나요? 어떻게 처리했습니까?

· 성과 개선을 위해 자신이 수행했던 일에서 차별화된 노력을 한 것이 있나요?

· 일을 손쉽고 흥미 있게 하려고 변화를 꾀한 경험이 있습니까?

원칙과 신뢰

2023년 튀르키예 남동부와 시리아를 강타한 대지진으로 인해 46,000명이 넘는 사망자와 1,000만 명을 훌쩍 넘는 이재민이 발생하였다. 그런데 튀르키예 남동부의 '에르진'이라는 도시에서는 단 한 명의 사상자도 없었고 건물 한 채도 무너지지 않았다. 그 까닭은 불법 건축을 허용하지 않는 시장의 결단 덕분이었다. 높은 수준의 내진 설계에 따른 고강도 건축 규제로 강한 반발을 사기도 했지만 "지진 피해를 막기 위해서는 결코 굴할 수 없었다. 불법 건축을 허용할 수 없었다."는 그의 말이 '원칙'의 가치를 직접 증명한다.

과거에는 리더나 직원의 능력이 뛰어나면 도덕적 흠이 있거나 기본을 무시하는 꼼수를 쓰더라도 '일을 잘한다'는 미명하에 인정하는 경우도 있었다. 하지만 우리 사회가 더욱 성숙해지면서 이제는 단순한 성과만 쫓다 기본 원칙을 져버린다면 조직 내·외부의 신뢰를 얻을 수 없게 되었다. 기업의 조직문화가 수평적이고 민주성이 강화되면서 조직을 원칙에 따라 공정하고 투명하게 운영하는 것이 더욱 중요한 가치가 되었다. 기본에 충실하고 원칙을 지켜 신뢰를 만들어 갈 수 있는 인재를 찾아보자.

다음 원칙과 신뢰를 알아볼 수 있는 질문을 참고 하자.
(키워드 : 인간미, 도덕성, 정직, 무결점, 공정, 기본, 존중, 정도 등)

- 정직한 행동을 해서 손해를 본 경험이 있나요?
- 아무도 모르는 상황에서 자신의 실수에 대해 책임졌던
  경험이 있습니까?
- 원칙을 끝까지 지키느라 손해를 본 경험이 있나요?
- 신뢰를 저버리고 싶은 유혹에 빠진 적이 있나요?
- 업무상 알게 된 동료의 의심스러운 점을 선의로 이해해 준
  경험이 있습니까?
- 정직하지 못했던 경험이 있나요?
- 살면서 법을 어겨 본 경험이 있나요?
- 절차나 규정을 준수하기 어려운 상황에 처했던 경험이 있나요?
  어떤 경험이죠? 어떤 선택을 했습니까? 왜 그랬죠?
  그 결과가 최선이었을까요?
- 회사 정책에 동의하지는 않지만, 최선을 다해 따랐던
  사례가 있나요?
- 신뢰를 잃었던 사람과 관계 개선을 위해 노력한 경험이
  있습니까?
- 업무 진행에 대해 꾸준히 동료와 공유하고 경청 노력을
  한 경험이 있습니까?
- 개인적인 이익과 도덕성 사이에서 고민했던 적이 있나요?
  어떤 선택을 했나요? 왜 그렇게 했죠?
- 조직에서 한 사람에게만 특별히 대우했던 경험이 있습니까?
  왜 그랬죠? 그것이 조직에 어떤 영향을 미쳤습니까?

전문성

경기후퇴에 대한 경고가 기업들의 채용을 어렵게 하고 있다. 앞으로 얼마나 어려운 상황이 닥칠지 모르기 때문에 꼭 필요한 사람이 아니면 채용을 꺼리게 된다, 하지만 기업의 생존과 성장을 위해서는 우수한 인재에 대한 관심을 거둘 수는 없다.

그러자면 기업의 인재에 대한 가장 큰 관심은 무엇인가? 바로 전문성이다. 리스크 축소와 성과 달성이라는 두 마리 토끼를 잡으려면 직무 전문성을 갖춘 인재가 무엇보다 중요하다.

전문성을 갖춘 인재를 찾기 위해 '잡 크래프팅(Job Crafting)' 개념을 이해해 보자. 잡 크래프팅은 구성원들의 자발적인 노력으로 업무를 변화시키고 일에 의미를 부여 하는 것이다. 이 과정에서 직원의 업무 몰입도와 만족도는 높아지고 그 영향은 조직 전반에 퍼진다. 즉 생계 수단으로써의 일을 넘은 단계이다. 이런 수준의 일을 하는 사람일수록 직무 전문성을 가질 수밖에 없다.

따라서 일을 자기 것으로 만들어 처리하는 사람을 찾아보자. 좋은 학교 졸업생이라거나 유명한 회사 출신이라고 해서 전문성이 있다고 말할 수 없다. 반대로 평범한 학교 졸업생이거나 알려지지 않은 회사에서 일했다고 전문성이 없다고 말할 수도 없다.

다음 전문성을 알아볼 수 있는 질문을 참고 하자.

(키워드 : 최고, 자기계발, 전문가, 현장지식, 프로페셔널, 실력, 탁월,
경쟁력 등)

· 2년 내 자발적으로 최고 수준의 목표를 세운 것이 있나요?
  무엇이죠? 그 목표가 왜 중요했죠?
  달성을 위해 무엇을 했습니까? 어디에 적용해 보았나요?
  지원하신 직무에 어떤 도움이 될까요?
· 최근 1년 동안 새로운 기술이나 지식에 대해 배운 것은
  무엇인가요? 왜 그것을 배웠죠? 배운 것을 적용해 보았나요?
· 짧은 시간 새로운 것을 배워야 했던 경험을 말씀해 주세요.
· 익숙하지 않은 새로운 것을 배워 수준급으로 할 수 있게 된
  것이 있습니까?
· 자기 계발을 위해 꾸준히 하는 노력에 대해 자세히 설명해
  주세요.
· 다른 사람의 충고를 받아들여 역량 향상 노력을 한 적이
  있습니까?
· 지원 직무에서 남들보다 우수하다고 생각하는 점은
  무엇인가요? 어떻게 증명할 수 있죠?
  실제 적용했던 사례를 들어 얘기해 주세요.
· 지원 분야와 관련한 경험이 있나요? 어떤 성과를 냈나요?
  그 성과를 내는 데 기여한 요소는 무엇인가요?

· 이전 직장에서 수행한 업무 중에서 가장 자부심을 느끼는
  사례가 있습니까?

· 반복되는 업무에서 성과에 만족하지 못해 개선의 노력을 한
  경험이 있습니까?

· 지원 직무에서 다른 사람과 차별화되는 노하우가 있나요?
  그 활용 경험을 자세히 말해 주세요.

· 본인의 강점은 무엇인가요? 그 강점을 활용하여 조직의
  성과에 기여한 바를 자세히 말씀해 주세요.
  그 강점이 우리 회사에 어떻게 쓰일 수 있을까요?

· 업무상 장단기 요구 사항을 파악하여 목표를 설정하고
  계획을 세워 추진한 사례를 말씀해 주세요.

· 시장의 경쟁 상황을 분석하여 경쟁우위 전략을 마련한
  경험이 있으면 설명해 주십시오.

· (업무 수행에 필요한) ㅇㅇㅇ에 대해서 알고 있나요?
  자세히 설명해 보세요.

열정

 앞서 언급한 전문성은 지속적인 열정 없이는 얻을 수 없다. 전문성은 열정을 갖고 한 분야에서 꾸준한 시간을 보낸 사람만이 얻을 수 있다. 전문성은 열정이 응축된 결과인 셈이다.

 안도현의 시 〈너에게 묻는다〉 첫 구절은 강렬하다. '연탄재 함부로 차지 마라. 너는 누구에게 한 번이라도 뜨거운 사람이었느냐.' 이 시를 떠올릴 때마다 '나는 연탄처럼 은근하게 타오르고 있는 사람인가?'하고 되돌아보게 된다. 자기 일에 열정을 다해 꾸준한 시간을 보내지 않았으면서 성공과 실패를 이야기하는 것은 비겁한 일이다.

 미국 철학자 랄프 월도 에머슨(Ralph Waldo Emerson)은 "위대한 일치고 열정 없이 이루어진 것은 없다."고 했다. '워라벨'이 직업과 직장 선택에 있어서 최우선시되는 것 같지만 우리 주위에는 열정적인 사람이 셀 수 없이 많다. 열정은 개인의 동기, 목표와 비전, 역량 향상, 인간관계 등 전반적인 자기 경영과 밀접한 관계가 있다. 세상과 조직을 이끌어 가는 사람은 모두 열정적인 사람들이라는 것을 우리 모두 알고 있다. 삶의 주인공으로서 열정을 불태우고 있는 지원자를 적극적으로 찾아보자.

다음 열정을 알아볼 수 있는 질문을 참고 하자.
 (열정 키워드 : 승부근성, 체력, 건강, 자신감, 진취 등)

· 남들이 안 된다고 하는 일을 끝까지 완수한 경험이 있나요?
  어떤 상황이었나요? 왜 끝까지 한다고 우겼지요?
· 살면서 가장 열정을 가지고 했던 일은 무엇인가요?
  왜 그렇게 지속할 수 있었을까요? 지금도 하고 있나요?
  그게 당신에게 어떤 의미가 있습니까?
· 최근 1년 새 열정을 갖고 행동한 일은 무엇인가요?
  지금도 하고 있나요? 그것이 당신에게 어떤 영향이 있나요?
  왜 지금은 안 하고 있죠?
· 본인의 예상보다 더 긴 시간 동안 어떤 프로젝트나 활동에
  참여했던 경험이 있습니까?
· 현재 커리어를 쌓기까지 가장 어려웠던 장애물은 무엇이고
  어떻게 극복했는지 사례를 들어 말씀해 주세요.
· 살면서 가장 많은 에너지나 시간, 돈을 들인 것이 무엇인가요?
  그것이 본인에게 어떤 의미가 있습니까?
  그만두고 싶지는 않았나요?
· 몰입했던 경험이 있나요? 자세히 말씀해 주십시오.
· 무엇을 할 때 몰두하는 편인가요?
· 업무상 본인이 먼저 제안하고 추진 과정을 관리 했던
  경험이 있습니까?
· 충분한 정보나 지침 없이 일을 시작해 완료했던 경험이 있나요?
· 팀 성과를 위해 자신의 업무 범위를 넘어서까지 기여했던
  경험이 있습니까?

글로벌 역량

글로벌 역량이라고 하면 해외 사업을 수행하기 위해 현지어에 능통하거나 적응력이 뛰어나 현지화에 문제가 없고 새로운 문화와 환경을 적극적으로 수용하는 태도이다. 이런 역량을 갖춘 인재 들은 세계화가 진행되면서 수많은 글로벌 기업들이 선호해 왔다.

그런데 글로벌 역량은 이미 세계 시장에서 활동 하고 있는 기업들에서만 중요한 요소일까? 2020년 이루리, 이소영이 연구하여 발표한 〈소공인 CEO의 개인적 자질과 지식경영 실천이 경영 성과에 미치는 영향〉 논문에 따르면 소공인의 글로벌 역량이 경영성과에 긍정적인 영향을 미친다고 밝히고 있다. 소공인 CEO의 글로벌 역량이 강할수록 높은 경영 성과를 기대할 수 있다는 의미다.

나아가 조직 구성원들이 글로벌 역량을 보유하고 있다는 말은 세계시장을 위협 요소보다는 기회 요소로 보게 한다. 또 낯선 환경에서도 성취감을 느끼며 잘 지낼 수 있다는 자신감을 느끼게 할 것이다. 그리고 나와 다른 사람들과도 유대감을 갖고 한 팀으로서 즐겁게 일할 수 있는 열린 사고를 할 것이기 때문에 높은 업무 성과로 이어질 수밖에 없다. 아직은 작은 기업이지만 지속적인 성장과 더 높은 성과를 원한다면 글로벌 역량이 있는 지원자를 선택하자.

다음 글로벌 역량을 알아볼 수 있는 질문을 참고 하자.

(키워드 : 열린 사고, 국제적 소양, 어학능력, 미래, 유연한 사고 등)

· 자신 있는 외국어로 자신을 소개 해 주세요.

· 다른 문화를 이해하고 수용한 경험이 있나요?

  언제, 어떤 상황이었나요?

· 다양한 사람의 관점을 이해하여 그 사람들에게 적용해야

  했던 경험이 있나요?

· 나와 전혀 다른 생각을 하는 사람과 조직 활동을 해 보았나요?

  어떤 상황이었나요? 어떤 방식으로 일을 했죠?

· 살면서 가장 낯선 환경에 놓인 경험은 언제 어떤 상황인가요?

  어떻게 대처했나요?

  돌이켜 볼 때 아쉬운 점은 무엇이고 다른 행동을 한다면

  어떻게 할 수 있을까요?

· 외국인과 조직 생활을 해 본 경험이 있나요?

  어떤 성과가 있었나요? 어떻게 행동했나요?

  본인의 강점은 무엇이고 약점은 무엇이었을까요?

· 바뀐 환경이나 새로운 정보를 고려해 자신의 계획을 변경해야

  했던 경험이 있습니까?

· 이미 내린 결정인데 바뀐 정책이나 환경에 의해 일을 새로

  해야 했던 경험이 있나요? 그때의 감정은 어땠습니까?

실행력

식품 제조업을 하는 어느 대표님은 직원들의 실행력을 항상 강조한다. 말만 앞서는 사람은 믿을 수 없다며 회의 때 나온 얘기들이 실천 되지 않는다며 다그치기 일쑤다. 그렇다고 그 회사 직원들이 움직이지 않느냐? 또 그것은 아니다. 매일 매일 해야 하는 일도 열심히 하고, 회의 때 나온 여러 가지 아이디어들에 대해서 새로운 시도도 한다.

그런데 왜 그 대표는 실천이 안 된다며 안타까워할까? 일을 실행한다는 것은 시도만을 의미하지 않는다. 일을 실행했다면 성공이든 실패든 결과가 있어야 한다. 그러기 위해서는 목표한 성과를 얻기 위한 계획이 있어야 하고 계획에 따른 꾸준한 행동이 있어야 한다. 그런데 한두 번 시도만 할 뿐 추진력 있게 행동해서 결과를 만들지 못하니 그런 소리가 나오는 것이다.

개인도 마찬가지다. '새해에는 조깅도 하고 취미로 그림도 그려보고, 영어 공부도 다시 시작해서 근사한 사람이 될 거야!'라는 핑크빛 상상을 한 번쯤은 해본다. 그런데 실행하는 사람은 몇이나 될까? 작심삼일은 자연스러운 현상이라는 어느 심리학자의 말에 위안 삼으며, '역시 이번에도 말뿐이었네....'라는 자조 섞인 한탄을 할 때가 있다.

무엇인가를 해야겠다는 의지를 가진 사람은 많다. 또 시작 그 자체에 만족을 느끼는 사람도 있다. 그런데 우리 조직에 필요한 사람은 '결국 해내는 사람'이다. 계획 속에 강한 추진력으로 성과를 낸 인재를 찾아보자.

다음 실행력을 알아볼 수 있는 질문을 참고 하자.
  (키워드 : 신속한 의사결정, 리더십, 추진력, 실천, 성과 등)

· 계획대로 과감한 실행을 통해 성과를 낸 경험이 있나요?
  언제, 어떤 상황이죠?
· 프로젝트 활동을 할 때 실행에 걸림돌을 경험해 본 적이
  있나요? 무엇이었죠? 어떻게 행동했나요?
· 걸림돌을 극복할 방안은 없었을까요?
· 계획대로 일이 되지 않은 경험이 있나요?
  그때 어떤 행동을 했나요? 그게 최선이었나요?
· 프로젝트 할 때 조직의 실행력을 높이기 위해 본인이 공헌한
  바에 대해 자세히 얘기해 주세요.
· 일을 할 때 강한 추진력을 보였던 적이 있나요?
  그때 결과는 어땠습니까? 실천할 때 장애물은 무엇이었나요?
  어떻게 극복했죠?
· 새로운 프로젝트를 함에 있어 중간에 포기한 경험이 있나요?
  어떤 상황이었죠? 왜 그래야만 했나요?
  어떤 상황이었으면 포기해야 했을까요?
  극복 가능한 방법은 없을까요?

- 지원이 불충분하고 여건이 충분히 마련되지 않은 상황에서 맡은 일을 끝까지 완수한 경험이 있습니까?
- 맡은 프로젝트를 정해진 시간에 완수하지 못한 경험이 있습니까? 그때 어떻게 했습니까? 성과 회복을 위해 어떤 노력을 했나요?
- 실패할 것 같은 일에 매달려 본 경험이 있나요? 왜 그런 행동을 했습니까?
- 매우 까다로운 고객을 위해 '이렇게까지 해야 하나?' 할 정도로 많은 시간을 투자해 성과를 냈던 경험이 있습니까?
- 현장에서 원인과 해결책을 찾기 위해 애쓴 경험이 있습니까?
- 부정성이 강한 직원을 응대했던 경험이 있습니까? 어떻게 대응하였나요? 어떤 결과가 있었죠?
- 의욕이 낮은 팀원을 동기 부여해야만 했던 경험이 있습니까?
- 팀원의 업무 수행 능력이 마음에 들지 않을 때 코칭 해본 경험이 있습니까?
- 누군가를 지도하거나 교육하여 업무 성과를 높인 사례가 있습니까?
- 팀원의 업무 역량 향상을 위해 도와준 사례가 있습니까?

사회공헌

'기업은 이윤 추구를 위해 존재 한다'고 이해하는 사람이 많다. 하지만 이런 인식에서 차츰 벗어나 우리나라에서도 2000년 이후 기업의 사회적 책임 활동이 활발해지고 있다. 이런 분위기는 대기업뿐만 아니라 중소기업으로 저변이 확대되고 있다. '중소기업사랑나눔재단'이 500개 중소기업을 대상으로 실시한 '2022년 사회공헌 현황조사 결과'를 보면 중소기업의 11.4%가 사회공헌활동을 하고 있고 10.5% 기업에서는 전담 조직 및 인력을 두고 있다고 응답했다.

기업이 사회적 역할을 이해하고 책임을 갖는 것은 결국 기업 자체 경쟁력으로 이어진다. 기업의 사회 공헌 활동이 사회적 평판을 좋게 하려는 의도된 활동이든 더 많은 고객을 확보하기 위한 이윤 추구 활동이든 결국 기업에 영향을 미쳐 새로운 경쟁력이 된다.

이때 조직에 소속된 임직원들의 역할은 무엇일까? 내부 직원들이 기꺼이 사회공헌 활동에 참여하는 것이다. 이를 통해 고객과의 소통이 강화되어 고객의 소리를 더 잘 이해하는 기회가 되기도 하고 그 과정에서 새로운 제안을 위한 아이디어를 얻을 수도 있다. 그리고 회사의 이미지 제고와 함께 좋은 회사 직원이라는 자긍심도 생길 것이다.

성숙한 시민으로서 사회적 자기 역할을 이해하고 그 실현을 위해 노력할 수 있는 지원자를 찾아보자.

다음 사회공헌을 알아볼 수 있는 질문을 참고 하자.

(키워드 : 사회적 책임과 역할, 사회적 가치와 신뢰, 봉사 상생 등)

· 손해를 보면서까지 남을 위해 희생 해 본 경험이 있나요?
  왜 그렇게까지 했죠?
· 봉사활동 경험이 있나요? 얼마나 했나요?
  봉사활동을 통해서 배운 것이 있다면 무엇이죠?
· 공공의 이익을 위해 무엇을 해 본 적이 있나요?
· 자신의 이익을 내려놓고 서로 상생을 도모했던 경험이 있나요?
· 조직이나 공동체 활동에 가장 적극적으로 참여했던 적이
  있나요? 왜 그런 행동을 했죠? 어떤 이익이 있었나요?
· 대학 시절 지역 사회 문제를 해결하기 위한 프로젝트나
  활동에 참여한 경험이 있습니까?
· 사회적 요구 사항을 이해하여 사업적인 문제 해결이나
  사업 활동에 긍정적인 영향을 받은 경험이 있습니까?

직무역량
질문

일반적인 직무에 대한 면접 질문 예시이다. 우리 회사에 맞는 질문을 개발하는데 참고 하면 좋겠다.

시작 질문에 이어 따라오는 탐색적 질문은 'STAR' 모형을 따르면 된다. 마찬가지로 앞서 소개한 공통 역량 질문의 탐색 질문 역시 'STAR' 모형을 활용할 수 있다.

만약 직무 관련한 경험이 없는 신입 지원자를 대상으로 할 경우 유사 경험이나 학습 경험을 질문하여 직무 역량을 파악하기 바란다.

총무 및 인사

· 조직에서 체계적으로 문서를 관리해 본 경험이 있습니까?
· 모임에서 행사를 기획하여 성공적으로 완수한 경험이 있나요?
· 행사를 관리하거나 진행을 도운 경험에 대해서 말씀해 주세요.
· 사람들의 의견을 수집하고 문제를 개선한 경험이 있나요?
· 구성원들의 요구 사항 수렴을 위해 특별히 해본 노력이 있나요?
· 중요한 계약 체결 경험에 대해 말씀해 주세요.
· 상대방의 기대 이상으로 일을 처리했던 경험이 있나요?
· 조직 내 일정을 계획한 경험이 있습니까?
· 원격회의를 준비하고 성공적으로 진행한 적이 있습니까?
· 구성원의 역량 평가를 위해 계획을 세운 경험이 있습니까?
· 공정한 평가를 위해 기존 평가 제도를 개선한 경험이 있습니까?
· 급여대장을 관리한 경험이 있습니까?
· 4대 보험 금액을 산출하고 신고해 본 업무를 해 보았나요?

재무 및 회계

· 회계상 거래를 인식하여 전표를 작성한 경험이 있습니까?

· 각종 비용 처리를 해 본 경험이 있습니까?

· 전자세금계산서를 분류하고 처리해 본 적이 있나요?

· 본인이 사용해 본 회계관리 시스템은 무엇이고 자주 해본
  작업은 무엇입니까?

· 법인 카드를 관리한 경험이 있습니까?

· 조직의 자금 관리를 해 본 경험이 있습니까?

· 자산, 부채, 자본을 회계 관련 규정에 따라 회계 처리한
  경험이 있습니까?

· 재무상태표, 손익계산서, 자본변동표를 양식에 따라 작성한
  경험이 있습니까?

· 부가가치세법의 규정에 따라 발생한 거래에 대한 전표를
  종류별로 구분한 경험이 있습니까?

생산 및 품질 관리

· 생산 상황이나 직원 활동 상황 등을 지속적으로 파악해 목표
  달성한 경험이 있나요?
· 작업 순서와 속도를 표준화하기 위해 노력한 경험이 있습니까?
· 생산계획을 수립했던 경험이 있습니까?
· 납기를 맞추는 데 어려움을 겪었던 적이 있습니까?
· 생산 현장에서 원가 절감을 위해 노력한 사례가 있습니까?
· 손실을 줄이기 위해 유실이나 낭비를 개선한 경험이 있습니까?
· 품질 향상이나 생산 속도를 높이기 위해 문제를 찾고 개선해
  본 경험이 있습니까?
· 프로젝트 관리 경험을 해 보았습니까?
· 효율적인 자재 관리를 위해 노력한 경험이 있습니까?
· 3정 5S 활동을 한 경험이 있습니까?
· 문제 원인과 대안 마련을 위해 노력해 본 경험이 있습니까?
· 작업장 안전을 개선하기 위해 노력한 경험이 있습니까?
· 품질개선 계획을 마련하고 적용해 본 경험이 있습니까?
· 품질 문제 재발 방지를 위해 개선에 나섰던 경험이 있습니까?
· 통계프로그램을 활용해 데이터 처리 경험이 있습니까?
· 불량품 발생에 대해 처리하고 원인을 파악한 경험이 있습니까?
· 업무상 갈등 상황을 해결한 경험이 있습니까?

영업 및 마케팅

· 영업직무와 관련한 본인의 강점을 드러낸 사례가 있습니까?

· 고객 입장에서 생각해 보고 무엇인가 제안해 본 경험이 있나요?

· 제품 공급을 위해 제안서를 작성해 본 사례를 말씀해 주십시오.

· 가격 외 차별적인 방법으로 거래를 성사한 경험이 있나요?

· 의견 차이가 큰 상황에서 상대를 설득한 경험이 있습니까?

· 고객 유지관리를 위해 특별히 기울인 노력이 있으십니까?

· 기존 고객 외 신규 고객 발굴을 해 본 경험이 있습니까?

· 가망고객을 발굴하고 접촉을 효과적으로 해본 사례가 있습니까?

· 고객의 대금 입금 지연 시 적절하게 해결한 경험이 있습니까?

· 고객의 요구사항이나 불만사항 등을 해결한 사례가 있습니까?

· 판매 제품의 세일즈 포인트를 분석해 본 적 있나요?

· 시장에 대한 환경 분석을 해 본 경험이 있나요?

· 새로운 제품 출시를 위해 소비자 조사를 해 보았습니까?

· 타깃을 잡아 SNS 광고 집행 해 본 경험이 있나요?

· 온라인 신규 채널 입점해 본 경험이 있나요?

· SNS를 통한 마케팅을 진행 해 본 경험이 있습니까?

· 디지털 채널 영향을 많이 받는 고객층 특성에 대해 분석해 본 경험이 있나요?

· SNS 운영 때 방문자 유입을 위해 한 노력이 있습니까?

· 데이터를 활용해 마케팅 전략을 세우고 실행한 경험이 있나요?

판매

- 실제 상품을 판매하듯, 이 상품을 설명해 주십시오.
- 상품 판매를 위해 사전에 특별히 준비하는 것이 있습니까?
- 재고 나 소모품 관리는 어떻게 하셨습니까?
- 판매를 위해 상품 진열이나 매장 환경을 개선 한 경험이 있습니까?
- 지시 사항 이행이나 프로모션 수행을 위해 구체적으로 행동한 것이 있나요?
- 까다로운 고객의 요구를 경험해 보셨나요?
- 제품 구매를 망설이는 고객을 설득해 판매 완료 해 본 경험이 있습니까?
- 단골을 만들었던 경험이 있나요?
- 재방문 유도를 위한 본인의 노하우나 경험이 있으면 말씀해 주세요.
- 상품(서비스)에 대한 고객 불만족을 경험해 보셨습니까?
- 자신의 실수로 고객 불만이 생겨서 대처하신 경험이 있습니까?
- 결제 방식이 다양한데 기억에 남는 결제 처리 경험에 대해 말씀해 주십시오.

서비스

· 고객을 맞는 본인의 노하우나 경험이 있으면 말씀해 주세요.
· 친절히 응대하여 긍정적인 피드백을 받아 본 적이 있나요?
· 고객이 원하는 바를 파악해 서비스를 제공했던 경험이 있나요?
· 고객 만족을 통해 단골을 만들었던 경험이 있습니까?
· 고객의 의견을 적극적으로 경청했던 경험을 말씀해 주세요.
· 매장에서 안전사고를 예방했던 경험에 대해 말씀해 주세요.
· 매장 청결을 위해 특별히 노력했던 경험이 있습니까?
· 까다로운 요구 사항을 고객 만족으로 연결했던 경험이 있나요?
· 다른 사람과의 갈등이나 오해를 풀기 위한 본인만의 소통
  방법이 있습니까?
· 주문 및 예약 실수 등 자신의 실수를 만회한 경험이 있나요?
· 매장의 매출 증가를 위해 자발적으로 노력한 경험이 있습니까?
· 상권을 파악하여 차별화된 마케팅 활동을 해 본 적이 있나요?
· VOC(고객의 소리) 관리 경험이 있습니까?
· 식자재 및 소모품 관리를 위한 경험을 말씀해 주십시오.
· 메뉴 품질 관리를 위해 노력한 경험을 말씀해 주십시오.
· 매장 및 임직원들의 위생 점검에서 주안점은 무엇이었나요?
· 고객의 트렌드를 파악하기 위해 노력한 경험이 있습니까?
· 낭비 요소를 제거하기 위한 노력이 있습니까?
· 직원들에게 리더십을 발휘한 경험을 자세히 말씀해 주십시오.

회사의 얼굴,
면접관

어느 날 알고 지내는 박 차장에게서 연락이 왔다. 회사에서 현장직 직원을 채용하는데 면접관으로 선정되었다는 것이다. 그러면서 면접관으로서 어떻게 질문하고 평가하면 될지 몇 가지를 묻기 시작했다. 회사에서는 박 차장이 평소 동료 사이에서 신임도 두텁고 업무 성과도 좋으니 "원래 하던 대로 하면 된다."라며 대수롭지 않게 일을 맡겼다고 했다. 하지만 꼼꼼하고 책임감이 강한 박 차장은 쉽게 할 일은 아닌 것 같다며 어떤 준비를 해야 하는지 궁금해했다.

과연 면접관 역할은 '하던 대로'해서 소기의 목적을 달성할 수 있는 일인가? 채용이 빈번해서 면접관을 자주 맡아 본 사람이라면 일정 부분 '하던 대로'가 말이 될 수 있지만, 면접관 역할을 제대로 하려고 하면 호락호락한 일이 아니다.

별다른 준비 없이 면접관 석에 앉은 사람은 적합한 인재 선발이라는 목적은 온데간데없이 사라지고 사소한 실수부터 회사에 큰 손해를 끼치는 사고를 일으킬 수 있다. 인재경영 체계를 갖춘 기업들 외에는 박 차장의 회사처럼 인재 채용에 있어 세밀한 준비를 하지 못하는 경우가 빈번하니 다음과 같은 실수를 하지 말자.

어처구니없는 면접관

2022년 사람인이 구직활동 경험이 있는 성인남녀 2,768명을 대상으로 '구직활동 시 비 매너 경험'에 대해 설문 조사한 결과, 구직활동을 하면서 무례한 상황을 겪은 적 있다는 응답이 72.7%라고 밝혔다.

자신이 경험한 무례한 사례로 가장 많이 거론된 것이 면접관이 대놓고 무시하거나 비꼬아서 불쾌했다는 것이다.(47.3%, 복수응답) 또, 면접관이 자신의 대답을 끝까지 듣지 않고 갑작스럽게 다른 주제로 이야기를 넘긴다거나, 지원자가 했던 말을 기억하지 못한 채 비슷한 질문으로 같은 내용을 확인하는 등 여러 형태로 나타났다. 심지어 압박 면접이랍시고 "노력이 부족했던 것은 아니냐?", "성격적 결함이 있는 것은 아니냐?", "친구들이 바쁘게 지낼 때 뭐했느냐." 등 상대의 인격을 무시하는 경우도 적지 않은 것으로 드러났다.

이어 차별적인 질문을 아무렇지도 않게 함(33.3%), 사생활 침해를 아무렇지도 않게 함(30.9%), 채용 과정이나 면접 시간에 전혀 집중하지 않음(29.6%) 등의 답변이 이어졌다.

특히 면접관이 면접 시간에 집중하지 않는 것은 기본이 안 된 행동으로 회사 입장에서는 매우 심각한 일이다. 면접관이 면접장에 들어와 핸드폰으로 다른 것을 보거나 시계를 자주 쳐다보며 바쁜 척을 하는 경우, 업무 연락이 와서 자리를 잠시 자리를 비우는 경우 등 예의 없는 행동으로 회사 이미지에 먹칠을 하는 일들이 쉽게 일어난다.

지원자는 면접관의 어처구니없는 행동을 모두 보고 있다. 면접 중에는 꾹 참고 내색을 못 할 뿐이다. 오히려 면접관의 눈에 띄기 위해 더 명확한 대답을 하려고 노력하고, 추가적인 정보를 제공하면서 자신의 역량을 자세히 알리려고 애쓴다. 눈을 한 번이라도 더 마주치려 하고 활기차고 적극적으로 면접에 임한다. 이렇게 최선을 다한 지원자들은 회사를 나서면서 어떤 생각을 할까?

온라인 커뮤니티 등에 면접 경험을 공유한 적이 있다는 응답이 5명 중 1명이나 되는 시대이다. 면접관의 기본이 안 된 태도와 역량 부족의 민낯은 고스란히 회사에 부메랑으로 돌아온다.

무거운 책임

'면접 그까짓 거 하던 대로 하면 되는 거지'라는 태도로 임하면 어떤 일이 벌어질까?

면접의 질이 낮아진다. 지원자 역량 파악을 위한 질문을 미리 준비하지 못했으므로 면접의 목적과 관계없는 질문을 하게 된다. 그래서 질문 자체가 불완전하거나 일관성이 없어지게 된다. 이는 지원자에게 혼란을 야기 시키고 면접관과 회사의 전문성을 떨어뜨려 보이게 한다.

면접은 지원자에 대한 예의와 존중 속에서 진행하되 상대방이 어느 정도 긴장감을 느끼도록 할 필요가 있다. 그러려면 계획이 치밀해야 한다. 지원자는 주도면밀하고 수준 있는 면접을 경험하면서 회사에 대한 긍정적인 이미지와 신뢰감을 오히려 느끼게 된다. 면접 준비 정도나 질문 수준이 기대 이하라면 회사에 대해 자만심을 갖게 되고 합격 안내를 받고도 회사에 대한 의심 속에 출근할 마음을 갖지 않을 수도 있다.

또 준비 없이 면접관 석에 앉으면 지원자에게 '예', '아니요'라고 답할 수 있는 닫힌 질문을 주로 하게 되니 지원자를 제대로 파악할 수 없게 된다. 목적 없이 하나 마나 한 질문을 해서 시간을 낭비한다.

비난성, 압박성 질문 공세로 정작 필요한 정보를 얻지 못하고 답변이 면접관 마음에 들지 않거나 기대에 미치지 못하면 정답을 요구하면서 가르치거나 훈계를 늘어놓기도 한다.

결국 일이 커지면 채용 관련한 법 위반으로 신고를 당할 수도 있다.

면접관은 회사의 대표선수

면접관은 회사의 대표 격이고 그 회사의 수준을 볼 수 있는 척도이다. 면접관으로 앉아 있는 사람이 괜찮은 사람으로 느껴지면 그회사도 괜찮은 회사로 받아들여지게 된다. 면접관이 삐딱하게 앉아 불쾌한 언행을 일삼는다면 회사 이미지도 나락으로 떨어지는 것은 당연하다. 가뜩이나 중소기업 입장에서 괜찮은 인재 찾기가 하늘의 별 따기인데 세상 물정 모르는 면접관을 내보내서는 안 되겠다.

회사의 임원 또는 관리자라고 해서 모두 면접관을 할 수 있을까? 준비가 되지 않은 많은 회사는 팀장이니까, 사장이니까 면접관을 맡는다. 면접관은 나이가 많다고 해서 또는 회사에 오래 다녔다고 해서 맡을 수 있는 역할이 아니다. 어떤 질문을 해서 어떤 기준으로 평가해야 하는지, 면접관으로서 해야 하는 행동과 해서는 안 될 행동 등을 구분할 수 있는 등 준비가 된 사람이 맡아야 한다.

즉 면접관은 교육과 훈련을 사전에 거쳐야 한다. 면접 당일 관리자급 직원들 가운데 스케줄이 가능한 사람을 면접관으로 앉혔다는 얘기도 들은 적이 있다만 스스로 발등을 찍는 일이다. 특히 작은 회사일수록 준비된 사람이 면접을 진행하도록 하여 지원자들이 회사에 대한 신뢰를 갖도록 하는 것이 좋다.

준비된 면접관은 채용 프로세스를 이해하고 그 과정에서 본인의 역할이 무엇인지 인식해 수행할 수 있어야 한다. 또한 회사가 요구하는 직무역량과 공통 역량에 대한 충분한 이해와 함께 평가할 수 있는 식견이 필요하다. 그리고 면접을 원활하게 진행할 수 있는 커뮤니케이션 능력도 갖추고 있는 사람이라야 한다.

인재경영을 중요시하는 회사들은 회사 내 훈련된 면접관 풀을 구성해 놓고 그때마다 채용 직무와 직책 등을 고려해 면접관을 선발하기도 한다.

회사와 면접관은 채용에서 더 이상 갑질을 할 수 있는 지위에 있지 않다. 오히려 그 반대에 가깝다. 구직자가 회사를 선택하는 시대인 만큼 현명하게 대응하자.

PART 3

면접진행과 평가

면접의
첫 단추

면접, 기울어진 운동장

우리는 살면서 여러 번의 면접을 경험하는데 진학을 위한 면접, 취직을 위한 면접이 가장 일반적이다. 또 동아리에 들어가기 위한 면접, 봉사단체에 들어가기 위한 면접, 장학생으로 선발되기 위한 면접 등 여러 조직에서 다양한 목적 때문에 면접을 진행한다. 그 어느 때보다 '공정성'을 중요하게 생각하는 시대이고, 이직이나 전직이 활발해지다 보니 면접의 중요성과 영향력은 더욱 커지고 있다.

그럼, 본인의 과거 면접 경험은 긍정적인가, 부정적인가? 만약 다음 주에 중요한 면접에 임해야 한다면 어떤 심리 상태가 될까?

우리는 인생에서 결정적인 순간이 있다는 것을 알고 있다. 면접이 그 순간일 수 있기에 면접은 항상 부담스럽고 불편하다. 지원자들은 자신의 됨됨이와 실력을 잘 보여주려는 마음에 매우 긴장한다. 누가 어떤 질문을 할지 모르기 때문에 불안하고 불편한 마음이 가시질 않는다.

그런데 면접은 기울어진 운동장에서 벌어진다. 운동장이 기울어져 있으면 어느 한쪽이 더 유리한 위치에 있게 되어 상대적으로 불공정한 상황이 되는 것처럼, 면접관과 지원자의 권한이나 지위 차이로 인해 어쩔 수 없이 불평등한 상황이 생기기 마련이다. 면접관은 자신이 원하는 인재를 고를 수 있는 권한이 있고, 지원자는 잘 보이기 위해 면접관에 의존할 수밖에 없다.

내가 대학에서 학생들을 가르칠 때, 학생들이 취업 동아리 활동을 제대로 하고 있는지 궁금하기도 하고 걱정이 돼서 관심을 두고 지켜본 적이 있다. 그 시절 어느 날 취업 동아리 신입 회원 모집을 위한 면접을 진행한다는 소식이 있어 참관했다. 그런데 면접관으로 앉아 있는 4학년 한둘의 태도가 거만하기 짝이 없었다. 비슷한 처지의 학생들끼리 상호 소통을 통해 동아리 회원을 뽑는 자리임에도 불구하고 면접관으로 앉은 학생은 본인의 권한을 과시하듯 거만한 말투로 지원자를 지적하고 가르치려 들면서 자신의 우월함을 뽐내는데 바빴던 걸로 기억한다. '자리가 사람을 만든다'고 했던가. 면접관의 자리와 역할에 대해 단단히 오해하고 있는 인식이 만든 모습이었다.

이런 모습은 실제 채용 면접에서도 종종 볼 수 있다. 면접관은 지원자 위에 군림하는 사람이 아니다. 지원자에 대한 배려 속에 독려하여 지원자의 대답을 최대한 끌어내는 리더의 모습을 보여야 하는 사람이다. '내 손에 당신의 입사 여부가 달렸어'라는 오만한 생각은 상호 간 대화를 가로막고 스포츠 경기의 심판처럼 '맞다', '틀리다'의 눈으로 평가하게 만든다. 오히려 면접은 코치의 눈으로 '강점은 무엇인가?', '발전 가능성은 있을까?', '습득하고 배우는 태도는 어떤가?', '자신감은 충만한가?', '회복탄력성은 강한가?', '우리 팀과 잘 어울릴 수 있을까?' 등의 관점으로 볼 때 목적 달성에 유리해진다.

분위기 조성

성공적인 면접의 시작은 지원자의 불안을 잠재우고 편안한 상태로 만드는 데 있다. 그래야 지원자 본연의 모습과 역량을 파악할 수 있게 된다.

지원자가 면접장에 들어오면 처음 해야 할 일은 인사이다. 지원자가 들어오자마자 인적 사항 확인 후 "자기소개 한 번 해보세요." 하고 면접을 시작해 버리는 경우가 있는데 이것은 예의에도 어긋날 뿐만 아니라 몸도 풀지 않은 투수를 마운드에 그냥 올려 버리는 꼴이다.

그러니 면접관이 지원자에게 먼저 인사를 건네고 친근하고 따뜻한 분위기를 조성하면 좋겠다. 이어서 면접관은 자신이 누구인지 간략히 소개하고 차차 진행될 면접 과정과 소요 시간 등에 대해서 간단히 브리핑하자. 이 과정은 매우 중요하다. 지원자가 갖고 있는 불확실함에서 오는 불안감을 어느 정도 해소할 수 있다. 그리고 무엇보다 지원자가 회사와 면접관에 대해 신뢰를 형성하는 기회가 된다.

"안녕하세요. 이번 채용을 책임지고 있는 인사팀장 김경청입니다.
오늘 인터뷰는 저희가 일방적으로 홍길동님을 판단하기 위해서가 아니라 서로가 협력적으로 일을 할 수 있을지 알아보기 위한 자리입니다. 사전에 홍길동님께서 제출하신 서류는 꼼꼼히 읽어 보았습니다. 서류에 작성하신 내용과 그 외에 어떤 경험과 경력을 갖고 계시는지 직무와 관련하여 몇 가지 여쭤보겠습니다.
너무 어렵게 고민하지 마시고 홍길동님께서 경험하신 내용과 의견을 편하게 말씀해 주시면 됩니다.
소요 시간은 약 20분 정도이며, 시간이 길지 않으니 요점 중심으로 말씀해 주시기를 바랍니다.
자 그러면 시작해도 될까요?"

이렇게 면접이 시작되었다면 가벼운 질문이나 지원자가 자신 있게 대답할 수 있는 것부터 물어보자. 지원자의 답변에 대해 가벼운 칭찬이나 존중의 메시지를 보내는 것은 본격적으로 진행될 면접에서 지원자가 더 많은 얘기를 하도록 하는 촉진제가 된다. 그러자면 미리 이력서나 자기소개서에서 지원자의 자랑거리, 취미나 관심 분야가 무엇인지 발견해 메모를 해두면 수월하게 진행할 수 있을 것이다.

질문 보다
경청이 먼저

우리는 일반적으로 상대방이 내는 소리를 잘 듣는 것이 경청이라고 착각한다. 그래서 많은 사람은 귀를 열고 있기만 하면 상대방의 말을 잘 듣는 것이라고 착각한다. 귀를 갖다 대며 "자 얘기해 봐. 내가 듣고 있어."라는 식이다. 그런데 경청은 '상대가 말을 하고 싶도록 고무시키는 것'이 핵심이다.

"(하던 일 계속하며) 듣고 있을 테니 신경 쓰지 말고 얘기해 보세요.", "요점만 들어 보죠.", "그래서 어떤 의미죠?", "결론이 뭔가요?"라는 표현은 직장 생활에서 종종 듣게 되는 표현이다. 심지어 가족 간에도 "아침에 바쁜 거 모르니? 저녁에 얘기하자."라며 상대방의 말을 차단하고 건성으로 듣는 경우가 있다.

팀원 : "팀장님, 어제 보고드린 영업 채널 다각화 방안에 대해
　　　　구체적으로 설명해 드리겠습니다."

팀장 : "(다른 서류를 주섬주섬 챙기며) 긴 설명은 필요 없고
　　　　핵심적인 결론만 얘기해 보세요."

팀원 : "네. ㅇㅇ 안을 마련했으며 이러이러 합니다."

팀장 : "(여전히 다른 일을 하며) 고민은 많이 한 것 같은데
　　　　실효성이 있을까 의문이네요."

팀원 : "네. 그래서 구체적으로 설명해 드리려는 겁니다."

팀장 : "괜찮아요. 내가 지금 다른 일로 시간이 없어요. 보완할 수
　　　　있는 내용을 따로 알려 줄 테니 그것만 다시 정리해서
　　　　진행하는 걸로 일단 합시다."

팀원 : '(자리로 돌아오며) 이제껏 내가 한 일은….'
　　　　'팀장님은 다 듣지도 않고서….'

위 사례에서 팀원은 팀장의 행동에 크게 실망했을 것이다. 무시당했다는 생각에 자존감에 상처를 입을 수도 있고 팀장에 대한 반감이 생길 수도 있다. 이런 일이 반복된다면 팀원은 아무리 좋은 아이디어와 도움이 될 정보가 있다고 하더라도 더 이상 얘기하지 않을 것이다.

만약 팀장이 찾아온 팀원의 얘기를 적극적으로 들어주면서 팀원의 고민에 대해 이해해 주었다면 어떤 일이 생길까? 서로 간의 아이디어가 교류되어 일의 완성도는 더 높아질 것이고 팀원의 팀장

에 대한 신뢰는 더 강해져 좋은 기분으로 시너지를 일으키며 회사 생활을 할 것이다. 경청은 조직에서 업무 능률을 향상하고 성과 향상의 필수적인 요소이다.

이는 함께할 동료를 선발하는 면접 자리에서도 똑같이 적용된다.

경청은 '단순히 잘 들어라'라는 의미가 아니다. 경청은 '상대로 하여금 많은 말을 하도록' 하는 데 그 의미가 있다. 데일 카네기(Dale Carnegie)가 쓴 책〈〈인간관계론〉〉은 다른 사람과 우호적인 관계, 협력적인 관계를 맺고 싶다면 '경청하라. 자신에 대해 말하도록 고무시켜라.'는 원칙을 강조한다.

그러기 위해서는 상대방이 말하는 내용을 완벽하게 이해하려고 노력해야 한다. 상대방이 어떤 의도와 감정을 갖고 말하는지 그 사람 중심으로 생각하고 반응하며 들어야 한다. 대충 듣거나 딴생각하면서 듣다가는 상대가 전달하는 메시지를 잘 못 이해하거나 놓쳐 버리는 실수를 범하게 된다. 이는 감출 수도 없으며 그 자리에서 상대방에게 탄로 나버려 돌이킬 수 없다.

특히 면접관에게 필요한 덕목과 기술 중 '경청'은 가장 으뜸이다. 지원자는 이 자리에 오기 위해 큰 노력과 준비를 해 온 사람이다. 그것을 인정하고 존중하는 태도 속에 지원자를 최대한 이해하려는 경청을 모습을 보이자.

주제를 벗어나 장황하게 답변하는 지원자라고 할지라도 "요점만 짧게 얘기하세요."라고 중간에 끊어 버리는 것보다 일단 한 두 번은 참아 보다 답변이 끝나면 "좋은 경험이군요. 그런데 시간이 촉박하니 본인 행동에 초점을 맞춰 답변 부탁드립니다."라고 요청하는 편이 상대의 경력과 경험을 존중하고 더 많은 이야기를 할 수 있도록 고무시키는 모습이다.

하지만 "면접관이 내 말을 잘 안 듣는 것 같았다.", "중간에 말을 끊어서 당황했다.", "눈을 마주치려 해도 면접관이 눈길을 안 주더라.", "내정자가 있는 듯 나에게 신경 쓰지 않더라." 등등 면접관의 무관심한 행동과 관심 있게 듣지 않는 모습에 실망했다는 지원자들의 리뷰는 온라인 공간에 꽤 많다.

면접관 입장에서도 길어지는 면접에 자칫 집중력이 떨어질 수 있고 면접 중간에 서류를 검토하거나 확인할 일이 있는 등 변명이 있을 수 있겠으나 면접관의 작은 행동 하나하나가 지원자에게 영향을 미치기 때문에 실제 잘 들어야 하고, 또 열심히 듣고 있다는 표시를 지속해 보여야 한다. 그래야만 우리 회사 평판과 이미지에 먹칠하는 일이 생기지 않는다.

면접관 경청의 기술

경청은 크게 소극적인 경청과 적극적인 경청으로 나눌 수 있다.

먼저 소극적인 경청은 우리가 일상생활에서 '경청해야지' 할 때 가장 많이 사용하는 방식이다. 내가 상대방보다 덜 말하고 침묵을 유지함으로써 상대방의 말을 더 많이 들어 주고 더 많은 말을 하도록 분위기를 만들어 듣는 자세이다.

그런데 수동적 경청은 상대방의 말을 듣긴 하지만 이해하려는 노력을 덜 해서 대화 상대방이 전달하려는 메시지나 의도를 놓칠 수 있다. 그래서 상대방의 오해를 사기도 하고, 적절한 질문이나 피드백을 제공하지 못하게 된다. 이는 상대방에게 불편함이나 부정적인 인상으로 연결된다. 또한 소극적인 경청으로는 나 자신도 대화에서 생각을 정리하거나 새로운 아이디어를 도출해 내기 어려워진다.

그래서 면접관은 적극적인 경청 방법을 활용해 좀 더 진지하게 상대방의 의견을 끌어내야 한다. 적극적 경청은 상대방에게 관심과 존중을 보이면서 어떤 이야기를 하는지 내용에 집중하는 자세이다. 상대방의 의도와 생각을 파악하려고 집중하기 때문에 침묵에만 의존하지 않는다. '인정반응', '피드백하기' 등의 언어적 메시지와 비언어적인 메시지를 통해 상대방이 더 많은 이야기를 하도록 촉진한다.

면접관으로서 적극적인 경청을 위한 언어적 신호는 다음과 같다.

① **인정반응** : 면접관이 발언 내용을 이해하고 있다는 것을 보여 주기 위해 맞장구를 치면서 격려해 주는 것이다. 이를 통해 지원자는 면접관이 자신의 발언에 집중하고 있다는 것을 더욱 명확하게 알 수 있게 된다.

고개를 끄덕이면서 "네 그렇군요!", "잘 극복했군요.", "잘 들었습니다.", "네~", "음~" 과같이 맞장구를 치면 된다.

또 "먼저 잘못을 인정한 점 공감되는군요."처럼 지원자가 한 말을 다시 표현해 주면서 인정 반응을 보여 주는 것도 좋다.

② **피드백** : 면접관이 지원자의 발언에 대해 피드백을 주면서 지원자의 말을 듣고 있다는 것을 보여줄 수 있다. 피드백을 주면서 지원자의 발언을 요약하거나, 면접관의 반응을 전달하는 것은 지원자의 발언에 대한 이해를 보여주는 동시에 면접관의 관심을 나타내는 것이다.

"~점에 대한 답변 잘 들었습니다.", "~인사이트를 얻었다는 말씀이네요." 하는 표현을 활용해 보자.

③ **답변에 대한 추가 질문** : 면접관은 지원자의 발언에 대해 추가 질문을 던지면서 자신이 지원자의 발언에 집중하고 있다는 것을 보여줄 수 있다. 추가 질문은 지원자의 발언 내용을 깊이 있게 이해할 수 있도록 도와준다.

"~를 말씀하셨는데 좀 더 자세히 말씀해 주십시오."라는 추가 질문을 해 보자.

면접관으로서 적극적 경청을 위한 비언어적 신호는 다음과 같다.

① **시선 맞추기** : 지원자를 정면에서 바라보며 눈을 맞추지는 것은 상대방에게 집중한다는 것을 알려준다. 또 고개를 끄덕이며 반응해 주는 것도 좋다. 이런 자세는 지원자와의 상호작용을 촉진하고, 대화가 더욱 원활하게 이루어질 수 있도록 도와준다.

② **몸을 약간 기울이기** : 지원자 방향으로 몸을 약간 기울인 자세는 상대방에게 자신이 진지하게 이야기를 듣겠다는 것을 보여주는 것이다. 이는 지원자의 답변에 대한 면접관의 관심을 보여주며 역시 지원자와의 상호작용을 촉진할 수 있다.

③ **다리 떨기, 손장난 금지** : 면접관이 자기 습관에 따라 다리를 떨거나 볼펜을 돌리는 등 쓸모없는 행동을 하는 것은 지원자에게 자신이 불안정하다고 느끼게 할 수 있다. 또 무례한 행동으로 여겨져 지원자와의 상호작용에 방해가 될 수 있다. 의식적으로 이런 행동은 지양해야 한다.

이외에도 면접관이 가벼운 미소를 보여주면 지원자는 더욱 편안한 분위기에서 면접에 참여할 수 있을 것이다.

공정성을 위해 생각할 점

취업플랫폼 잡코리아가 2021년 구직자들을 대상으로 '면접 들러리'를 주제로 설문 조사한 바에 따르면 응답자의 10명 중 6명이 '들러리'라는 느낌을 받았다고 한다. 면접관이 특정 지원자에게만 많은 질문을 한다거나, 특정 지원자에게 치우쳐 호의적인 응답과 피드백을 보여 준 반면 본인에게는 질문을 할 때의 태도나 보여준 반응이 건성건성 느껴졌다고 했다.

요즘 사람들은 '공정성'을 아주 중요하게 여긴다. 자신의 노력이나 실력에 상관없이 부당한 대우를 받았다고 느끼거나, 별다른 노력 없이 무임 승차한 사람이 있다는 것을 알게 되면 상당히 분노한 모습을 보인다. 특히 요즘은 이런 상황이 온라인 공간에서 활발히 공유되고 전파되는 특성이 있어서 이를 지적하고 반대하는 문화도 강하다. 면접 과정에서 공정성을 확보하지 못하면 기업 인재 채용 과정에 불신이 생기고 이는 기업 평판과 이미지에 악영향을 준다.

그래서 면접관은 잔뜩 날이 서 있는 지원자의 상태를 이해하고 상황을 제대로 파악해야 한다. 면접관의 사소한 행동과 말 한마디에도 지원자들은 민감하게 반응한다는 것을 잊지 말자.

그러므로 인정반응이나 피드백할 때는 모두에게 공평하게 표현해야 한다. 그렇지 않고 일부에게만 평가 결과를 은연중에 드러내거나 자기 기분에 따라 오해를 살 수 있는 말이나 행동을 즉흥적으로 해서는 안 된다.

예를 들어 "인상이 참 좋습니다.", "서류를 보니 기대가 됩니다.", "합격한다면 잘해 봅시다.", "그 정도면 잘했습니다.", "가장 마음에 드는 답변입니다." 등은 누가 보더라도 합격을 예감하게 하는 말이다. 객관적인 기준을 근거로 한 말일지라도 이런 말을 듣지 못한 지원자는 자신의 부족함을 받아들이기보다는 내정자가 있다는 오해를 할 가능성이 더 크다.

또 여러 명의 지원자 중에서 특정 사람에게만 시선을 준다거나, 너그러운 표정이나 고개를 끄덕여 주는 것도 조심할 행동이다.

반대로 "잘 모르고 하는 말 같은데요.", "그 정도면 됐어요.", "다른 직무가 어울리는 것 같은데.", "그동안 무엇을 한 건가요." , "이것을 경력이라고 할 수 있을까요?" 등은 면접관의 부정적인 감정을 드러내는 표현으로 볼 수 있다.

쓴웃음 짓기, 발언 순서 건너뛰기, 발언 중인 지원자 안 보기, 면접관끼리 소곤거리기, 답변 중간에 끊기, 답변 내용에 대해 무관심하기, 메모 안 하기 등 역시 조심할 행동이다. 이런 표현을 접한 지원자는 면접에 더 이상 집중하기 힘들고 부당한 면접이라고 생각하기 시작하며 온라인 공간에 부정적인 경험을 남기게 될 것이다.

면접관은 지원자의 역량을 끌어내는 책임을 갖고 있는 사람이다. 나의 표현 하나하나가 면접 진행에 영향을 미친다는 것을 이해하고 밖으로 드러나지 않도록 유의해야 한다. 또 면접관은 공감과 인정 반응을 보일 때 한쪽으로 치우치지 않고 모든 지원자가 공정하다고 느끼도록 비슷한 수준에서 비슷한 기준을 갖고 모두에게 할 수 있어야 한다. 그러기 위해서는 미리 면접관끼리 공감과 인정 반응의 수준을 정해 놓고 모든 지원자에게 동일한 수준의 표현을 해주는 것이 좋겠다.

면접관은 지원자와의 대화에서 적극적 경청을 유지하면서, 면접자가 자신의 역량을 더욱 자세하게 설명할 수 있도록 촉진하는 역할을 해야 한다.

면접관 경험이 많지 않은 경우에 경청 실패의 이유는 자기 입장에 매몰되기 때문이다. 지원자의 발언이 채 끝나기도 전에 '다음 질문으로 뭐가 좋을까?'에 관심을 빼앗기는 면접관을 종종 만나는데, '질문만 해서는 상대를 알 수 없다'는 점을 기억하자. 지금 지원자가 어떤 의도로 무슨 말을 하고 있는지 주의 깊게 들어 이해한다면 지원자를 더 자세히 알기 위한 질문을 자연스럽게 할 수 있다.

그래서 경청을 잘하면 질문이 날카로워진다. 지원자가 가진 생각과 역량에 더 큰 관심과 호기심이 생기기 때문에, 인터넷에 떠도는 하나 마나 한 질문을 하지 않게 된다. 경청으로 인해 지원자와 신뢰도 형성되었기에 날카로운 질문은 '갑질'로 지원자에게 다가가지 않는다. 지원자에 대한 더 깊은 관심과 역량 확인을 위한 당연한 면접 과정으로 이해된다.

'질문-대답-질문-대답'만으로 빡빡하게 이어지는 면접은 면접관과 지원자 모두를 피로하게 한다. 상대를 들여다볼 여유 공간이 필요하다. 그것이 바로 면접관이 보이는 경청의 기술이다.

지원서를
기초로 묻기

　지원자의 이력서와 자기소개서는 그 사람을 파악하기 위한 중요한 자료 중 하나이다. 서류 전형 단계에서 적합성 여부에 대한 검토를 거쳤겠지만, 채용을 책임지는 역할을 맡은 면접관으로서 이력서와 자기소개서를 통해 지원자를 알아보는 것은 중요한 의미를 가진다.

　그런데 이력서와 자기소개서를 기반으로 한 면접 질문은 미리 만들기가 어렵다. 그렇기 때문에 자칫하면 엉뚱한 질문으로 귀한 시간을 허비하는 경우도 있다. 그렇다고 이력서와 자기소개서를 미리 읽을 수도 없는 노릇이다. 지원자의 개인 정보 보호나 공정성을 기하기 위해 미리 제공하지 않는 조직들이 거의 대다수다. 또는 면접관의 본연의 업무가 있기에 그 전날 읽어 보고 면접에 참석하기란 어려운 게 현실이다.

　그래서 면접이 시작되기 전 지원자의 이력서와 자기소개서를 받으면 면접 질문을 빠르게 추려낼 수 있어야 한다.

1. 진정성을 확인하자.

가령 자기소개서에 "회사의 성장을 돕겠다."라고 썼다면 구체적으로 우리 회사의 비즈니스 상황에 관해 물어 보고, 어떻게 어떤 부분에서 성장을 도울 수 있을 건지 실현 가능성에 대해 어느 정도 안을 가졌는지 확인해 보자. 대부분의 지원자들은 자기소개서를 이 회사 저 회사 돌려 사용한다. 그렇기 때문에 지원자의 진정성 확인이 필요하다. 채용하는 기업이 작은 회사라 할지라도 회사에 대해 기초 정보를 숙지하고 있는지, 직무 목표를 지원 기업과 연관 지어 설명할 수 있는지 파악하자.

2. 진실성을 확인하자.

일반적으로 지원자들의 자기소개서는 일반적인 의지 표명과 넘치는 열정으로 가득 차 있다. 그러다 보니 팀이 낸 성과를 자기의 성과처럼, 작은 일도 크게 부풀려 작성하는 일이 비일비재 하다. 그러니 거짓 정보를 기술한 것은 아닌지 확인하는 질문을 하는 것이 좋겠다. 또한 대필 자기소개를 제출하는 경우도 흔하니 각별히 신경 써야 한다.

3. 커뮤니케이션 능력을 파악하자.

자기소개서 작성 상태와 지원자가 말하는 모습을 비교해 가며 커뮤니케이션 능력을 파악하면 좋겠다. 자기소개서의 문장 구조와 문법이 명확하고 효과적인지를 파악해야 한다. 문장이 길고 복잡해 글이 잘 읽히지 않는 가운데 지원자의 답변 역시 질문자의 의도를 이해하지 못해 중언부언한다거나 핵심 없는 답변을 한다면 지원자의 커뮤니케이션 능력이 부족하다고 생각할 수 있다.

질문 예시

· 이력서에 작성한 경력 중, 가장 도전적인 일을 경험한 적이 무엇인가요?
  그 경험으로부터 얻은 교훈은 무엇인가요?
· 이력서에 작성한 경력 중, 가장 성과를 내었다고 생각하는 경력은 무엇인가요?
  그 경력으로부터 얻은 인사이트는 무엇인가요?
· 이력서 작성한 경험 중, 지원 직무와 가장 유사한 경력은

무엇이며, 그 경험이 이 직무에서 어떻게 도움이 될까요?

· 경력 기술서에 작성한 프로젝트 중에서 가장 큰 문제를 해결한 경험은 무엇인가요?

그 문제를 해결하기 위해 어떤 노력을 했나요?

· 경력 기술서에 언급한 프로젝트 중에서 가장 협업이 중요했던 경험은 무엇인가요?

협업을 위한 본인만의 역할과 행동을 말씀해 주세요.

· 자기소개서에서 언급한 목표를 달성하기 위해 어떤 도움을 받았나요?

그 도움이 없었다면, 그 목표를 달성하기 어려웠을까요?

· 자기소개서에서 언급한 역량 중에서 지원 직무 수행에 있어 가장 중요하다고 생각하는 것은 무엇이며, 그 이유는 무엇인가요?

· 자기소개서에서 언급한 ㅇㅇ활동에서 본인은 어떤 역할을 맡았으며 어떤 기여를 했는지 자세히 얘기해 주십시오.

심문하고
싶다면

　면접은 심문이 아니라는 것은 주지의 사실이다. 그런데 일부 면접 관들은 '틀린 것', '거짓' 등을 발견하기 위해 온통 집중한다. 그래서 과장하거나 의심이 되는 부분이 발견되면 꼬리라도 잡은 듯 꼬치꼬치 캐묻는데 시간을 전부 할애하는 경우도 있다.

　면접자가 거짓말을 하는 것 같거나 지나친 과장으로 본인 역량을 부풀리는 것 같다면 그 말이 사실인지 일일이 따지고 들 필요가 없다. 그것은 면접관의 일이 아니다. 면접관은 지원자의 보유 역량 파악에만 초점을 두면 된다.

　그렇다면 지원자의 과장이나 사실 왜곡이 의심된다면 어떻게 해야 할까? 이때는 지원자의 주장이나 의견을 뒷받침할 사례를 들려 달라고 요구하면 된다.

> 지원자 : 저는 패션잡화 매장에서 2개월 정도 아르바이트를 한
> 경험이 있습니다. 그때 우수 친절 사원으로 선정되기도
> 했습니다. 고객이 물건을 찾아 이리저리 다니시면 제가
> 눈치껏 먼저 다가가 제품의 위치를 알려 드리고
> 추가로 사용법이나 사용 후기 등에 대해서 숙지하고
> 있다가 설명해 드렸습니다.
> 이런 근무 태도를 인정받아 매니저님으로부터 많은 칭찬과
> 우수 친절 사원으로 뽑히는 성과도 만들었습니다.

지원자가 이렇게 답변 하였다. 그런데 아무리 봐도 고작 2개월 근무하면서 제품의 위치를 숙지하는 것도 만만치 않았을 텐데 각 제품에 대한 사용법과 후기를 외워 접객했다는 내용이 아무래도 본인의 경험을 부풀려 과장하고 있다는 의심이 든다.

그렇다면 어떻게 확인해야 할까?

> 면접관 A : 지금 거짓말하시는 것 아닌가요? 저도 그 매장을
> 아는데 그 많은 제품을 2개월 만에 숙지하는 게 말이
> 되나요? 더군다나 사용법과 후기까지 외워 고객을
> 상대한다는 것은 믿기지 않는데요?

면접관 A처럼 재차 물어본다면 지원자의 반응은 뻔하다. 본인의 주장을 더욱 공고히 하려고 나설 테니 정작 중요한 지원자의 역량

파악은 어렵게 된다. 또 지원자의 말이 사실이라면? 지원자는 면접관을 즉 이 회사를 무례하다고 평가하고 공정하지 못한 부당한 대우를 받았다고 느낄 것이다.

면접관 B : ① 매장에 진열된 물건이 꽤 많았을 텐데 위치를 빠르게 숙지할 수 있었던 방법은 무엇인가요?

② 사용법과 후기는 어떤 채널을 통해 확보하였나요?

③ 이 경험 말고, 책임감을 느껴 빠르게 업무나 조직의 규칙을 이해하고 성과를 내기 위해 노력한 경험이 있습니까?

면접관 B처럼 물어보면 어떨까? 지원자는 면접관이 '나의 이야기를 귀담아듣고 있구나.'라고 느낄 것이다. 그러면서 본인의 진짜 경험을 신이 나서 답변한다. 혹시라도 이 지원자가 답변을 과장하였더라면 면접관 B의 추가 질문에 제대로 답 하지 못했을 것이다. 이렇게 면접관은 지원자를 존중하면서 역량을 파악할 수 있다.

면접관이
갖는 오류

인간은 불완전한 존재이므로 여러 가지 오류를 범할 수밖에 없다. 면접관으로서 어떤 오류를 경계해야 하는지 알아보자.

1. 초두효과

초두효과란 먼저 제시된 정보가 추후 알게 된 정보보다 더 강력한 영향을 미치는 현상을 말한다.

이에 해당하는 것 중 하나가 첫인상이 주는 시각적 오류다. 흔히 3초 정도면 사람의 첫인상이 결정된다고 한다. '잡코리아'에서 중소기업 채용 면접관 883명을 대상으로 한 '채용 면접에서 첫인상이 미치는 영향'에 대한 설문조사를 보면 '매우 높은 영향을 미친다는 답변이 39.8%', '조금 높은 영향을 미친다는 답변이 53.5%'를 기록했다. 즉 93.3%의 면접관이 지원자의 첫인상에 영향을 받는 것으로 조사된 것이다.

다행히 이 조사에서는 3초가 아니라 평균 3분 만에 지원자의 첫인상이 결정된다고 하였지만 3분 역시 턱 없이 짧은 시간이다. 물론 허용된 면접 시간이 길지 않기 때문에 짧은 시간에 평가를 진행할 수밖에 없다는 현장의 목소리도 이해 못 하는 바는 아니다.

하지만 이때 경계해야 할 것은 면접관의 확증편향이다. 처음 3분 만에 지원자에 대해 판단해 놓고 남은 시간 동안 자신의 결정을 합리화하는데 허비하고 있는 것은 아닌지 주의해야 한다.

외모로 지원자를 섣불리 판단해서도 안 된다. 영화〈행복을 찾아서〉에서 배우 '윌 스미스'는 역경을 딛고 기업가로 성공한 '크리스 가드너'의 실제 경험을 연기한다. 영화 속 윌 스미스는 증권사 입사 면접을 보게 되는데 피치 못할 상황으로 정장을 입지 못하고 남루한 작업복 차림으로 가게 된다. 면접관들은 그의 옷차림에 대해 불편한 기색을 보이긴 했지만, 그것 때문에 지원자를 배척하지는 않는다. 그가 증권사 영업사원으로서 필요한 역량을 보유했는지 경험을 묻고 확인한다.

외모만 번지르르할 뿐 실속 없는 사람을 우리는 종종 본다. 직원의 외모가 중요한 직무가 아니라면 이에 지나친 비중을 두고 선입견을 품는 오류를 범하지 말자. 우리는 지원자의 역량과 외모는 직접적인 상관관계가 없다는 것을 잘 알고 있지 않은가.

2. 낙인 효과

이는 부정적인 정보가 확인되지 않은 다른 정보에 악영향을 주는 오류다.

실제 어느 조선기자재 업체 면접에서 있었던 일이다. 지원자는 지역 대학의 공대를 졸업했고 이력서에 적힌 성적은 3.0을 겨우 넘었다. 자기소개서도 평범해 지원자의 역량이 드러나 보이지 않았다. 면접이 시작되기 전, 지원자의 이력서를 본 회사 임원은 볼 것도 없는 사람을 면접에 불렀다며 불만을 표시했다. 임원은 면접 내내 낮은 학점, 마음에 들지 않는 대학 등을 구실로 지원자를 배제하는 듯했다. 지원자의 강점이나 역량에 대해서는 무관심해 보였다. 다른 면접관들은 장기간의 책임감 있는 실험실 활동과 캡스톤 디자인을 비롯한 프로젝트 경험도 풍부해 그 지원자를 좋게 평가했지만, 임원은 자신의 처음 입장을 고수했다.

이 결과에 대해 지원자를 두둔하고 위로할 생각은 없다. 애초에 지원자가 본인 경험과 역량을 자기소개서에 잘 드러내고 면접 초반부터 자신감 있게 설득했다면 합격할 수도 있었다.

하지만 본인의 선입견을 고수한 채 다른 정보를 무시한 그 임원의 행동은 잘못되었다. 그 어떤 경우에도 면접관은 자신의 주관성을 배제하고 지원자를 있는 그대로 관찰할 책임이 있기 때문이다.

정보 취득 순서에 따른 판단 오류도 있다. 이는 처음에 받은 정보가 더 중요하게 작용하여 나중에 받은 정보를 무시하거나 그 정보에 대한 가치 판단을 왜곡하는 오류이다. 만약 지원자를 판단하는데 처음 본 성적이 우수했다면 그 후에 나오는 정보들이 어떠하든 성적이 이를 대변하게 되는 현상이다.

그래서 지원자의 긍정적인 정보를 먼저 접하면 지원자를 후하게 평가하지만, 만약 부정적인 것부터 먼저 접하게 되면 안 좋게 평가하는 경향이 생길 수 있다.

그러므로 면접관은 평가 항목이 서로 영향을 주지 않도록 주의하면서 각각 평가하는 노력을 해야 하겠다.

3. 유사성 오류

유사성 오류는 평가자가 자신과 유사한 평가대상을 호의적으로 평가하는 오류이다. 심리학자들은 일반적으로 개인은 자신과 유사한 사람들에게 동질감을 느끼는 경향이 있다고 한다.

면접관도 자신의 가치관, 성격, 특성, 심지어 취미와 관심사가 비슷한 경우에 지원자를 호의적으로 평가하려는 경향이 있다. 그리고 자신과 유사성을 가진 지원자의 단점은 간과하는 경향도 있다.

예를 들어 일을 빨리빨리 처리하는 특성을 가진 면접관은 자신처럼 일 처리가 신속한 지원자를 다른 지원자들에 비해 더 우수하다고 평가하면서도 빠른 일 처리로 인해 벌어질 수 있는 단점에 대해서는 간과할 수 있다.

존경하는 사람이 누구인지, 인생의 좌우명이 무엇인지 등을 물을 때가 있는데 이때는 자신과 유사한 점을 확인하려는 목적은 아닌지 유의해야겠다.

4. 면접 질문의 오류

면접관이 원하는 부분을 의도하여 질문할 경우 지원자가 거기에 반응하여 답변하면 호의적으로 평가하는 오류를 말한다.

예를 들어 "입사 초기에 현장 근무할 수 있습니까?"라고 물으면 현장 근무를 꺼리면서도 솔직히 얘기하기 어려워 대부분의 지원자는 "네 가능합니다."라고 답한다. 이런 질문은 답이 정해져 있기 때문에 지원자 모두 앵무새처럼 같은 답변을 내놓는다. 이런 질문은 회사 입장이나 의도를 드러내기 때문에 적합하지 않다.

제대로 된 면접관이라면 "우리 회사는 현장을 아는 게 중요해서 1년 동안 현장 근무를 해야 합니다. 힘들 수도 있는데 어떻게 적응할 수 있을까요? 라고 묻는 것이 지원자의 진심을 파악하는 데 더 유리하다.

면접
평가 기준

역량평가

인재 채용의 목표는 뚜렷하다. 지원자가 '우리 회사에 기여할 수 있는가?', '그렇다면 그런 역량을 갖추고 있는가?', '그 역량이 우리 회사에서도 재현될 것인가?'에 초점을 두고 평가해야 한다.

앞선 장에서 역량은 우수 성과자의 특성으로서 '행동'으로 표현된다고 하였다. 그래서 면접관은 지원자의 행동을 면밀히 파악해야 한다. 시간이 지나면 자연스레 해결될 일을 부풀리고 있는 것은 아닌지, 우연히 시장 상황이 개선되면서 매출이 상승한 것은 아닌지, 전임자의 노력이나 실적이 영향을 미친 것은 아닌지 등 꼼꼼히 살펴야 한다.

그래서 궁극적으로 확인해야 할 것은 스스로 의도하여 계획된 성과를 창출한 행동인지를 살피는 것이다. 즉, 재현성 없는 행동과 재현성 있는 행동을 구별할 때 지원자의 미래 행동을 조금 더 정확하게 예측하여 채용 실패를 줄일 수 있게 된다.

컨설팅 회사인 '왓슨 와이어트'의 컨설턴트인 카와카미 신지가 쓴 《성공하는 인재 채용은 시작부터 다르다》에는 이와 관련하여 5개의 레벨로 행동을 나누어 역량을 평가하라고 조언한다.

· 레벨1 : 부분적이고 단편적인 행동 (수동적 행동)

타인의 지시에 의해 움직이며 주도적으로 행동하지 않는 사람들에게서 주로 보인다. 이런 행동이 발견되면 탈락시켜야 한다.

예) 카페 아르바이트를 하는데 일하는 시간 내내 휴대폰을 보며 일일이 일을 시켜야 꾸역꾸역 일하는 사람들의 행동

· 레벨2 : 해야만 하는 것을 해야 할 시점에 수행한 행동 (통상적 행동)

레벨1과 약간의 차이가 있긴 하지만 탈락 시켜도 상관없다. 누구라도 그 상황에서는 그렇게 하는 것이 당연하다고 생각할 수 있는 행동이다. 자신이 어떤 행동을 해야 할지 의식하지 않고 정해진 행동을 해버리기 때문에 업무 개선이 일어나지 않는다.

예) 카페 아르바이트를 하는데 교육 받은 대로만 일처리를 해

답답함을 자아내는 사람들의 행동

· **레벨3 : 명확한 의도나 판단에 기초한 행동,**
　　　명확한 이유로 인해 선택한 행동 (능동적 행동)

레벨1과 레벨2가 이유 없는 행동이라면 레벨3부터는 이유가 있는 행동들이다. 그렇기 때문에 레벨3 이상의 경험을 말하는 지원자에게 큰 관심을 가져야 한다. 일을 할 때 의도한 목적을 가지고 행동하는 사람들이니 눈여겨보자.

예) 카페 아르바이트를 하는데 메뉴에 없는 음료 주문을 받고는 '안 된다'고 돌려보내는 것이 아니라 손님이 원하는 비슷한 음료 제공과 서비스를 최대한 제공하려는 행동

· **레벨4 : 독자적으로 효과적인 아이디어를 더한 행동,**
　　　상황을 변화시키거나 장애를 극복하려는 행동 (창조적 행동)

레벨4의 행동은 자기 일을 넘어서 동료와 상사를 설득해 조직의 업무수행 방식을 변화시키는 행동이다. 레벨3 행동이 눈앞에 벌어진 상황에서 자기 행동을 변화시키는 것에 그쳤다면, 레벨4 행동은 조직 전체로 확대해 상황 자체를 변화시키는 행동이다.

예) 카페 아르바이트를 하는데 고객들의 음료 취향과 반복되는 요구사항을 사장에게 전달해 메뉴 구성을 최적화하고 음료 제

조 및 서비스 관리의 문제점을 개선하여 성과를 창출하려는 행동

· **레벨5 : 완전히 새롭거나 주변 사람들, 또는 환경에 의미 있는**
　　　　상황을 만드는 행동 (패러다임 전환적 행동)

누구도 생각지 못한 방법을 제안하고 새로운 비즈니스나 새로운
사업 모델을 만드는 행동이 이에 해당한다. 이 레벨의 이르는 사람
은 아주 귀하다.

역량 평가의 5레벨

· 레벨1 : 부분적이고 단편적인 행동 (수동적 행동)

· 레벨2 : 해야만 하는 것을 해야 할 시점에 수행한 행동
　　　　　(통상적 행동)

· 레벨3 : 명확한 의도나 판단에 기초한 행동, 명확한 이유로
　　　　　인해 선택한 행동 (능동적 행동)

· 레벨4 : 독자적으로 효과적인 아이디어를 더한 행동
　　　　　상황을 변화시키거나 장애를 극복하려는 행동
　　　　　(창조적 행동)

· 레벨5 : 완전히 새롭거나 주변 사람들 또는 환경에 의미
　　　　　있는 상황을 만드는 행동 (패러다임 전환적 행동)

일반적인 평가

1. 지원동기가 있는 지원자

면접관은 무엇보다 '회사 입장'에서 말하는 사람을 찾아야 한다. 자기 입장에서 연봉은 얼마인지, 근무조건과 복리후생은 어떤지에만 관심을 갖는 지원자는 아무리 이력 사항이 뛰어나더라도 높은 점수를 주어서는 안 된다. 염불보다는 잿밥에 관심이 많은 지원자일 수 있기 때문이다.

또 지원자가 '어떤 스펙을 갖고 있는가?'보다는 '우리 회사에 오면 무엇을 할 수 있는가?'에 관심을 두어야 한다. 그래서 지원동기를 물어보면서 우리 회사에 대한 이해 정도와 어떤 기여를 할 수 있는지 지원자의 준비 상태와 속마음을 자세히 들여다봐야 한다. 회사에 대한 관심과 이해가 없다면 입사해서도 자리 잡지 못하고 떠나게 된다. 이는 비단 규모가 작은 기업뿐만 아니라 모든 기업에서 벌어지는 현상이다.

우리 회사의 고객·제품(서비스)에 대해 잘 알고 있는지 확인하는 것은 기본이며 우리 회사의 특징이나 경쟁력에 대해서 알고 있는 것이 있는지 물어보면 좋겠다. 나아가 이것을 본인의 역량과 연결하여 어떤 기여를 할 수 있고 조직에서의 성장 계획을 나름대로 준비해서 밝힐 수 있는 지원자라면 더할 나위 없을 것이다.

다만 경력직의 경우 퇴직 사유도 들어 같이 들어 보고, 판단해야 한다. 퇴직자가 이전 직장이나 상사에 대해 지나친 감정 표현이나 부정적인 표현을 한다면 좋은 평가를 할 수 없다. 그렇지만 어느 정도의 불가피성을 고려할 필요는 있다. 급여 미지급이나 출퇴근 거리, 고용불안, 지나치게 열악한 근무조건 등으로 인해 이직할 수밖에 없는 상황이라면 충분히 고려하면서 평가해야 한다.

2. 일관된 노력을 한 지원자

면접관은 다른 사람과 명확히 구별되는 특성을 보인 지원자를 뽑고 싶어 한다. 그러다 보니 지원자가 독특한 경험을 이야기하거나, 유난히 에너지가 넘쳐 보이는 경우, 또래보다 여러 가지 많은 사회 경험이 있다는 것을 알게 되면 높이 평가하려 한다.

이때는 다음과 같은 주의가 필요하다. '구슬이 서 말이라도 꿰어야 보배'라는 말이 있듯 지원자 각각의 경험이 따로 놀 경우에는 좋은 평가를 하기 어렵다.

지원자의 경험이 일관된 목표를 향해 꾸준히 축적되어 왔을 때 좋은 평가를 할 수 있다. 특정한 직무 목표를 갖고 꾸준한 활동 속에서 직무 역량을 키워 온 지원자가 있다면 각별히 눈여겨보고 세심히 관찰할 필요가 있다.

광고 회사에 지원한 어떤 사람은 광고인이 되겠다는 생각으로 학창 시절에는 블로그 운영과 광고 동아리 활동을 하였고 다수의 광고 관련 공모전 활동을 하며 실전 역량을 키웠다. 이 사람은 아르바이트도 광고·마케팅 조사 활동이나 웹디자이너를 하면서 하나의 목표만 보고 달려왔다. 안 뽑을 이유가 있겠는가? 이런 일관된 경험이 축적되어 있다면 일단 업무 이해가 높고 열정을 갖고 있기 때문에 회사의 핵심 인재로 성장할 가능성이 크다.

3. 구체적으로 표현하는 지원자

지원자가 '성실하게', '열정적으로', '참고 이겨내', '커뮤니케이션 능력을 발휘하여', '경청을 잘해'와 같이 일반화된 표현을 사용할 뿐 구체적인 내용을 밝히지 않는다면 낮게 평가하거나 조금 더 확인해 봐야 한다.

구체적이고 자세한 답변을 하지 못한다는 것은 자기 경험과 성과를 부풀려 허풍을 떠는 것으로 판단 할 수도 있기 때문이다. 실제로 팀 프로젝트에 숟가락만 올려놓고서는 면접에서는 자기 성과인 것처럼 부풀리는 경우가 흔하다.

경력자의 경우 경력 기술서를 통해 각 프로젝트에서의 역할과 수행 내용을 세부적으로 파악할 수 있겠지만 신입의 경우에는 이력서와 자기소개서밖에 없기 때문에 더욱 꼼꼼한 관찰이 필요 하다.

다음 예시를 보자.

> Not Good : "저는 사람과의 관계를 중요하게 여깁니다. 그래서
> 배려와 소통을 잘하려고 노력합니다. 특히 의견
> 갈등이 있으면 적극적인 대화로 해결하는 편입니다.
> 대화할 때는 상대가 어떤 얘기를 하는지 집중해서 듣고
> 공감하는 노력을 통해 갈등을 해결합니다."

아주 빤한 정형화된 대답이다. '적극적인 대화'는 어떻게 하는 대화를 말하는 것인가? 이렇게 두루뭉술하게 표현하는 지원자는 해당 역량이 부족한 사람이거나 발휘해 본 경험이 없을 가능성이 크다. 그래서 높게 평가할 수 없다.

다음 지원자는 어떤가?

> Good : "저는 사람과의 관계를 중요하게 여깁니다. 그래서 특별히
> 노력하는 것 중 하나는 만나는 사람의 이름을 기억하려고
> 애쓴 다음 다시 만날 때 이름을 불러주면서 기억하고 있다
> 는 것을 보여줍니다. 그러면 대체로 기뻐하고 놀라워
> 합니다. 그러면 상대와 더 빨리 친해지는 것을 느낍니다."

이 지원자의 경우에는 '이름 기억'이라는 방법을 통해 좋은 인간관계를 맺는 자신만의 방식을 보여 주었다. 면접관 입장에서는 합격시키면 조직에서 시너지도 높이고, 대 고객 커뮤니케이션도 문제없다고 판단 할 수 있는 근거가 된다.

다음 예시를 보자. 첫 번째 지원자는 여러 경험을 나열하기는 했지만, 뚜렷한 강점이 무엇인가 싶다. 두 번째 지원자는 구체적인 상황에서 발휘한 강점과 내용을 자세히 설명하려고 노력하고 있다.

Not Good : "저의 강점은 도전정신입니다. 저는 학내 공모전을 시작으로 전국적으로 진행되는 다양한 공모전에 여러 번 참가하였습니다. 잘 모르는 분야에서도 논문을 찾아보고 배워가면서 열정적으로 도전했습니다. 당시 기구 설계 장려상을 받기도 했습니다. 그리고 캡스톤디자인에서 3D프린터를 활용해 모니터 암을 제작한 경험도 있습니다. 또, A 기업에서 현장실습을 하면서 품질 직무 경험도 해보았습니다. 그리고 다문화 학생 멘토링을 통해 이타적인 삶의 가치를 실천하려고 노력했습니다. 이처럼 저는 많은 일에 도전하고 열심히 생활해 왔습니다."

Good : "저의 강점은 몰입을 통한 문제해결 태도입니다. A 기업에서 인턴 근무할 때 개질기를 활용한 연료전지 모듈 개선 작업에 참여했습니다. 프로토타입 제품의 프레임에서 오차가 계속 발생하여 개선과제를 부여받았습니다. 저는 먼저 각 공정이 품질에 어떤 영향을 미치는지 하나하나 검토했습니다. 그래서 공정에 평탄화 작업을 추가하고 다른 공정에서 사용되는 레이저 측정기를 적용하여 평균 오차를 0.3%에서 0.25%까지 줄였습니다. 저는 문제를 대충 넘기려 하지 않고 가능한 대안을 일일이 따져보고 시간이 걸리더라도 하나하나 적용해 보면서 문제해결에 집중하는 강점이 있습니다."

4. 긍정적 태도를 가진 지원자

조직에서 필요로 하는 사람은 긍정적인 사람이다. 자신감이 없거나 불평불만이 많은 부정성이 강한 사람은 같이 하기 어렵다. 핑계와 변명이 많고 남 탓을 하는 사람도 좋은 평가를 하기는 어렵다.

예를 들어 "이전 직장은 왜 그만두신 건가요?", "같이 일하기 힘든 사람이 있었나요?", "다니던 직장의 상사에 대해 어떻게 생각하시나요?", "인생에서 후회되는 선택은 있나요?", "학점이 다소 낮은데 왜 그런가요?", "커리어에 공백이 긴 것 같은데 왜 그렇죠?", "성격의 단점은 무엇인가요?" 등과 같은 질문에 부정적으로 대답하거나 남을 원망하는 표현이 있으면 낮게 평가하자. 그리고 자포자기하는 모습을 보이거나 질문에 대해 필사적으로 자기방어를 하려는 태도 역시 좋게 볼 수는 없다.

하지만 과거에 힘든 일이 있었지만, 자신감을 회복하고 정서적으로 극복한 모습을 보인다면 아무런 문제가 되지 않는다. 본인 상황에서 어쩔 수 없는 것들에 대해 긍정적으로 표현하고 실패의 원인을 찾아 새로운 방향을 모색하는 노력을 보여준다면 높게 평가하자.

또 지원자가 상사나 교수, 부모님 등에 대해 평가하는 발언 할 때, 그들의 역할을 이해하고 그들의 긍정적인 면을 이야기하며 존중하는 모습을 보인다면 좋게 평가해도 될 것이다.

Not Good : "저의 단점은 내성적인 점입니다. 친해지면 괜찮지만
처음 보는 사람 앞에서는 말하기가 두렵고 소심해지는
편입니다. 그래서 조용히 있는 편이 많습니다. 하지만
요즘은 처음 보는 사람과도 잘 지내보려고 먼저 말도 걸어
보고 노력하고 있습니다."

Good : "저의 단점은 내성적인 점입니다. 특히 남들 앞에 서는 것이
긴장되어 뒤에서 지원하는 일을 많이 하는 편입니다.
그런데 3학년 때 꼭 발표해야 히는 상황에서 남들보다
2~3배 더 연습하면 단점을 극복할 수 있다고 느꼈습니다.
이후 원고를 외우고 여러 차례 연습해서 모든 발표를 맡을
정도로 개선했습니다.

개방적인 태도를 가진 사람들은 자신의 약점이 무엇인지 알고 있고 개선을 요구받으면 인정하는 자세와 개선하려는 노력의 모습을 보인다. 또 자신이 꺼리는 상황이나 불편해하는 사람 스타일에 대해 알고 있어 그런 상황이나 사람과 같이 일을 할 때도 어떻게 처신해야 하는지 나름의 노하우나 대책을 갖고 있을 가능성이 크다. 이들은 새로운 아이디어나 관점을 수용하는데 열려있어 다양한 생각을 하는 사람과 협력적으로 일을 하는 데도 불편함이 없다.

하지만 개방적이지 않은 사람은 자기 자신이 어떤 사람인지 잘 알지 못하고 고정적인 사고방식이나 기존의 관점을 고집하기 쉽다. 부족한 점이나 실패에 대한 책임을 회피하기 위해 핑계를 대는 경

우도 많다. 일반적으로 문제의 원인을 자신에서 찾기보다는 다른 사람이나 외부 환경으로 돌리는 경향이 있다. 이는 개선을 위한 노력과 성장 및 발전을 기대할 수 없는 모습이다.

따라서 자기 자신에 대한 이해가 부족하거나 둘러대고 핑계를 찾는 답변을 한다면 낮게 평가하는 것이 좋겠다.

Not Good : "저는 수능을 망쳐 원하는 대학과 전공을 선택하지
못했습니다. 그래서 재수해야 하나 반수를 해야 하나
많이 고민하였는데 부모님의 의견으로 일단 성적에
맞춰 입학한 후, 전과하려고 했습니다. 하지만 원하는
전공이 아니라서 학교 수업을 따라가기 어려웠습니다.
하지만 학점이 낮은 부분이 이제 후회도 되고 아주 크게
반성하고 있습니다. 입사하게 된다면 부족한 점이 없도록
노력해서 배우며 일하겠습니다.

Good : "저는 대학 입학 후 다른 부분에 관심이 더 많았습니다.
봉사활동과 힙합 공연 동아리 활동을 하며 고등학교 때 하지
못했던 활동에 많은 시간을 보냈습니다. 그래서 1~2학년 때
공부를 소홀히 하여 학점이 낮습니다. 하지만 모든 일은
때가 있다는 반성을 하며 전공학점 3.5 이상을 목표로 세워
3.8을 달성했습니다. 그리고 목표로 세운 품질 직무 수행에
필요한 지식과 기술을 익히기 위해 한국품질재단 기술 연수
사업에 참여하여 SQC 역량도 키웠습니다."

5. 예의를 갖춘 지원자

예의는 아무리 시대가 바뀌어도 중요한 가치이다. 사람과 사람이 어울리는 비즈니스 환경과 회사 조직에서 예의는 항상 중요하다. 그렇기에 예의를 갖춘 지원자를 높이 평가하자. 가식적인 모습으로 볼 수도 있지만 압박받는 상황에서 예의 갖춘 행동을 할 수 있다는 것은 이 사람의 습관일 수도 있고 알고 있는 지식의 행동화로 볼 수도 있다.

어느 면접에서 시작 전에 긴장을 풀 요량으로 "우리 회사가 대중교통으로 오기에는 좀 불편하죠?"라고 했더니 지원자가 하는 말이 "회사에서 오는 길을 잘 안내해 주셔서 편안하게 올 수 있었습니다. 도착해서도 시원한 물을 마실 수 있게 배려 해 주셔서 감사했습니다."라고 화답을 하는 것이었다. 사실 회사에서는 주소 안내만 했을 뿐이고 별도로 격식을 갖춰 음료를 제공한 것도 아니었지만 지원자는 예의를 갖추고 응답했다.

하지만 이런 지원자만 있는 것은 아니다. 지각하는 지원자, 회사 위치 모르겠다고 연락하는 지원자, 면접 스케줄을 본인 입장에서 고집하는 지원자, 대기 장소에서 넥타이 풀어 헤치고 거만하게 앉아 있는 지원자, 옆에 누가 있는지 의식도 하지 않은 채 화장을 고치는 지원자, 큰 소리로 전화 통화하거나 쉴 새 없이 누군가와 SNS 채팅하는 지원자도 있다. 또 긴장된 마음에서였겠지만 누가 봐도 지금 막 담배를 피우고 와서 좁은 면접장을 담배 냄새로 뒤

덮는 지원자도 있다.

이런 지원자를 만나면 비난하지 말자. 그것은 우리의 역할이 아니다. 우리는 '왜 그런 행동을 하였는지' 차분하게 물어보고 판단하면 된다.

더불어 지금은 예전처럼 면접에 정장 차림을 강제하는 분위기가 아니라 자율적으로 옷차림을 갖추도록 하거나, '비즈니스 캐주얼'을 안내하는 분위기이다.

하지만 이런 안내를 떠나서 사람을 만나는 데 기본적인 예의를 갖춘 사람이라면 일방적으로 아무렇게나 입고 가지 않는다. 본인 이미지 메이킹과 상대 회사에 대한 존중 의미로 최소한의 격식을 차리게 마련이다.

그런데 지원자가 아무런 고민 없이 대충 옷을 입은 것 같다면 어떻게 해야 할까? 이 역시 무조건 낮은 점수를 주기보다는 면접관이 갖는 인지적 오류를 고려해 일단 열린 마음으로 바라보는 것이 좋겠다. 또 지원자가 대충 입고 올 수밖에 없는 특별한 사정이 있을 수도 있으니 여유로운 마음을 갖고 대해 보자.

다만 이런 경우에는 지원자의 진정성을 확실히 살피고 역량을 정확히 파악하기 위해 조금 더 꼼꼼히 들여다볼 필요는 있겠다.

6. 준비가 부족한 지원자

 면접을 진행하다 보면 기본적인 준비도 없이 겨우 앉아 있는 지원자를 만나게 된다. 면접 볼 회사에 대해 조사하지 않거나 지원한 직무에 대해서 알지 못하는 지원자이다. 또 무슨 이야기를 할지 계획 없이 면접을 보는 지원자도 있다. 준비 없는 지원자는 좋은 점수를 주기 어렵다. 그런 지원자의 사례는 다음과 같다.

· 이력서와 자기소개서에 작성한 내용을 모르는 경우
 면접관은 지원자의 이력서와 자기소개서를 기초 자료로 활용하여 면접을 진행한다. 따라서 그 내용이 사실인지 아닌지, 역량 검증을 위해 어떤 경험을 했는지 묻게 되는데, 본인이 어떤 내용을 썼는지 기억하지 못하는 경우가 있다.

· 회사 이름을 숙지하지 못했거나 다른 회사 이름과 착각하는 경우
 지원한 기업에 대해 알고 가는 것은 기본 중의 기본이다. 회사 이름을 알지 못하는 것은 기본이 부족한 지원자임을 자백하는 것과 마찬가지이다.

· 수동적으로 살아온 지원자
 신입 지원자들에서 주로 볼 수 있는데 여러 가지 경험을 나열만 할 뿐 그 각각의 행동을 왜 하였는지, 어떤 의미가 있었는지, 그

행동을 통해서 무엇을 배웠는지 자세히 설명하지 못하는 지원자들은 매력적이지 않다. 이런 지원자들은 부모님, 선생님 등 주위 사람의 지시에 의존하거나 주어진 상황 해결에 급급하여 생활해 왔을 가능성이 높다. 그래서 닥친 일에 맞춰 수동적으로 행동하는 경우가 많다. 이런 지원자는 스스로 목표를 설정하고 계획을 수립하는 데 익숙하지 않을 수 있으니 유심히 살펴야겠다.

· 기본적인 의사소통 기술이 부족한 사람

학력이 우수하고 여러 가지 스펙이 기대를 충족한 지원자이지만 기본적인 대화가 어려운 사람이 있다. 질문을 이해 못 하거나 묻는 말에 엉뚱한 대답을 하는 경우이다. 또 상황 파악을 하지 못하고 자기가 준비한 대본대로 답변을 내뱉는 지원자도 좋은 점수를 주기는 어렵다. 면접관이 장황한 답변에 질려 간결하게 답변해달라고 요청하였음에도 자기가 준비한 이야기를 끝까지 고집하는 지원자들은 보면 안타깝다.

비언어적 요소에 의한 평가

면접관과 직접적인 눈 맞춤은 매우 중요하다. 일반적으로 눈 맞춤을 피하는 것은 자신감이 없거나 무엇인가 숨기고 싶은 것이 있을 때 나타난다. 그래서 시선을 회피하거나 엉뚱한 곳을 바라보는 행동을 한다면 좋은 평가를 할 수 없다. 또 말끝을 흐리거나 앉은 자세가 불량한 경우, 다리를 떨거나 잦은 한숨을 쉬는 것 역시 좋지 않은 태도이다.

이 같은 행동을 하는 지원자는 신뢰하기 어렵다. 회사 생활에 이런 모습이 그대로 나타난다면 업무에 지장을 초래한다. 특히 고객을 응대하거나 거래처와 중요한 미팅을 하는데 이런 행동은 반드시 재현되기 때문에 좋은 평가를 해서는 곤란하다.

그리고 질문을 이해하지 못하거나 면접에 집중하지 못해 질문을 다시 해달라고 하는 경우 한 번 정도는 괜찮지만 반복해서 요청한다면 좋은 점수를 주기 어렵다. 또 답변 정리 시간을 요청하는 경우에도 한 번 정도는 그럴 수 있지만 계속 답변하기를 주저하거나 시간을 끈다면 좋게 평가할 수 없다.

좋은 평가를 받지 못하는 지원자의 행동

· 무표정한 얼굴

- 시선 피하기
- 다른 곳 보면서 멍때리는 행동
- 발장난이나 손장난
- 자주 옷을 고쳐 입는 행동
- 코나 머리카락 등을 만지작거리는 행동
- 지나치게 크거나 작은 목소리
- 과도한 긴장으로 인한 떨리는 목소리
- 분명하지 않은 발음
- '~요', '~죠' 등 격식 없는 말투
- 어린아이 말투
- 약어와 비속어 사용
- 말끝 흐리기

면접
운영 관리

소규모의 회사들은 채용을 당하는 입장이라고 말했다. 요즘 지원자들은 면접에 참여해서 여러 가지 꼼꼼히 살핀다. 자신이 일할 환경은 어떤지, 같이 일하는 사람들의 얼굴표정과 분위기는 어떤지, 직장 상사가 될 사람들은 어떤 생각과 행동을 하는지 꼼꼼히 관찰하는 사람이 많다. 그래서 한 사람의 지원자라도 우리 회사에 방문한다고 하면 대충 맞을 것이 아니라 좋은 인상과 감동을 주기 위해 준비를 해야 한다.

지원자를 고객이라고 생각하고 MOT(Moment Of Truth) 관리를 해보자. MOT는 고객이 기업의 상품이나 서비스를 접할 때, 순간적으로 받는 인상을 말한다. 고객은 상품이나 서비스를 접하는 짧은 순간에 그 상품이나 서비스에 대해 평가를 내리는데 이는 기업 전체의 이미지나 인상에까지 영향을 준다고 알려져 있다.

이것을 적용해 다닐 만한 회사인지 아닌지를 파악 중인 지원자(고객)에게 좋은 경험을 갖게 하여 우리 직원이 될 확률을 높여 보자.

이를 위해 지원자와의 접점을 찾아내고, 관리 포인트를 아는 것이 중요하다. 고객 여정 지도(Customer Journey Map)를 활용해 접점을 찾는 것도 괜찮겠다. 지원자가 회사에 도착하고부터 면접을 끝내고 돌아가는 과정에서 겪는 경험을 순차적으로 나열해 보고 시각화해 보는 것이다. 이 과정을 통해 지원자가 느끼는 감정을 파악할 수 있고 우리가 무엇을 해야 하는지 더 잘 알 수 있을 것이다.

그럼 몇 가지 지원자의 경험을 관리 할 수 있는 접점을 알아보자.

1. 회사 입구

입구에는 꼭 안내 표시를 해야 한다. 간단한 환영 인사와 함께 어디로 오라는 안내 표시는 기본 사항이다. 회사 입구에 경비실이 있다면 오늘 면접이 진행될 예정이고 몇 시부터 몇 명의 인원이 방문하리라는 것을 미리 알려 안내 협조를 구해 두는 것이 좋다.

나도 여러 조직을 방문하여 강의하고 있지만 가는 곳마다 차이가 크다. 방문 일정을 들은 바 없다며 입구 경비실에서 제지 당해본 경험도 있고, 방문자에 대한 아무런 안내 표시가 없어서 그냥 들어가도 되는지 어디로 가야 하는지 머뭇거린 적도 있다. 심지어 출입 카드를 가진 사람만 건물로 들어갈 수 있는 회사였는데 입구에 안내해 주는 사람도 없고 담당자와 연락이 닿지 않아 건물 밖에서 한참을 서성인 적도 있었다. 면접에 참여한 사람이 이런 경험을 당한다면 회사에 대한 첫인상은 매우 실망스러울 것이다.

하지만 반대로 '오늘 면접에 오신 분들 환영합니다. 긴장 풀고 파이팅 하십시오!' 라고 환영 해준다면 '사람에 대해 진심을 다하는 회사'라고 생각하게 될 것이다.

2. 대기 장소

이렇게 해서 회사로 들어가면 안내받는 곳이 대기 장소이다. 대기 장소에서 기다리는 지원자들은 긴장 속에 회사의 이곳저곳을 살피며 분위기를 느끼게 된다.

그러므로 이들의 긴장을 풀어 주고 환영한다는 의미로 간소한 다과와 음료를 준비해 두면 좋겠다. 더불어 회사의 소개 자료를 비치해야 한다. 지원자들이 회사 소개 자료를 보면서 본인이 근무하게 될 조직에 대해 더 잘 알 수 있는 시간이 될 수도 있고 알지 못했던 사실을 알게 되면서 회사에 대한 신뢰가 형성될 수도 있기 때문이다. 특히 준비된 인쇄물이 없다면 회사의 우수한 조직문화나 강점을 알릴 수 있는 자료를 출력해 클리어 파일 형태로 제공해 보자. 회사의 자랑스러운 성과와 기술력, 회사의 비전과 노력, 공정한 보상 체계, 성장과 자기 계발 기회, 워라벨 지원, 회사의 행

사 사진 등을 실어 지원자가 회사에 대한 긍정적인 마음을 갖도록
하면 좋겠다.

3. 출구

면접을 마치고 나온 지원자를 그냥 보내는 회사가 많다. 면접을
마친 지원자에게는 꼭 감사의 인사를 하고 추후 진행될 채용 일정
에 대해 간략한 안내를 해야 한다. 또 소정의 교통비나 선물을 준
비했다면 감사의 마음을 담아 전달하도록 하자.

"오늘 참석해 주셔서 감사합니다. 합격자 공지는 약 일주일 안에
있을 예정이며 문자와 이메일로 알려드리겠습니다. 혹시 채용 과정
에 대해 궁금하신 점이나 도움이 필요한 것이 있으신가요?" 정도
로 인사를 한다면 지원자는 대접받았다는 마음을 갖고 돌아갈 것
이다.

비대면
면접

코로나 팬데믹으로 인해 '화상 면접'이 적극적으로 도입되었다. 하지만 2022년 394개 기업을 대상으로 한 채용 포털 사람인의 조사에 따르면 채용담당자와 구직자 모두 여전히 대면 면접을 선호하는 것으로 나타났다. 전체 응답 기업의 61.6%가 화상 면접이 대면 면접보다 효율이 떨어진다고 응답했다. 또 화상 면접 시 가장 큰 어려움은 표정이나 말투 등을 제대로 볼 수 없어 평가하는데 어렵다는 응답이 67%에 달했다. 지원자 입장에서도 면접 시 긴장 감을 덜 수 있고 교통비와 시간을 절약할 수 있어서 좋긴 한데, 공정한 평가에 대한 걱정과 회사 분위기나 문화를 직접 느낄 수 없다는 점에서 걱정하고 있었다.

하지만 제대로 화상 면접을 진행한다면 면접 비용을 획기적으로 줄일 수 있다. 또 현대사회는 시간과 공간의 범위가 이전보다 확장되고 있다. 이런 흐름 속에 화상 면접 등 비대면 채용은 거스를 수 없는 흐름이기도 하다.

　그러면 면접관은 화상 면접을 어떻게 진행해야 할까?

실제 화상 면접을 진행 해 보면 통신기기의 접속 장애나 면접관과 원활한 소통이 되지 않아 문제가 되는 경우가 빈번하다. 지원자가 시간에 맞춰 접속하지 않거나 면접 중간에 끊김 현상으로 면접의 흐름이 끊어지기도 한다. 기술적인 이유로 전달되는 소리가 작아 애써 큰 소리로 말하다 보면 지원자의 커뮤니케이션 성향을 오해 할 수도 있다. 또 면접관과 지원자의 말이 서로 겹쳐서 했던 말을 반복하는 일도 있다.

화상 면접을 진행 시 주의 사항

　첫째, 몸짓을 크게 해야 한다. 면접관은 회사에서 여러 명의 면접관과 면접장에 있을 수 있다. 이때 마스크를 안 하고 있다면 조금 낫겠지만 마스크를 할 수밖에 없는 상황일 것이다. 또 지원자는 노트북이나 스마트폰 등 작은 화면으로 면접관을 바라본다. 그러면 지원자는 면접관의 표정이나 몸짓 등 비언어적인 신호를 알아채기 어렵다. 그러므로 대면 면접 때 보다 더 크게 몸짓해야 한다. 내가 잘 듣고 있다는 표시로 고개를 크게 끄덕해 준다거나 손가락으로 오케이 사인을 확실히 보내 주는 것도 좋겠다. 소리가 안 들릴 때는 양손으로 X 표시를 크게 해야 한다.

둘째, 카메라를 바라보며 이야기해야 한다. 상대와의 커뮤니케이션에서 중요한 것 중 하나는 '눈 맞춤'이다. 상대방의 눈을 바라보며 반응을 보여준다면 상대는 더 진지하게 자기의 얘기를 하게 된다. 비대면 면접에도 이 원칙은 적용된다. 그런데 화상 면접에서는 유독 면접관들이 눈 맞춤을 못 하는 편이다. 그 이유는 시선을 화면이나 평가지에만 두기 때문이다. 이렇게 되면 지원자와 눈 맞춤이 안 된다. 면접관이 방송인이나 유튜버가 아니기 때문에 카메라를 바라보며 얘기하는 것이 익숙하지 않겠지만 의도적으로 카메라를 보고, 얘기해야 한다. 처음 인사 할 때와 면접 진행에 대해 안내할 때는 꼭 카메라를 응시하자. 그리고 면접 중간마다 카메라를 바라보면서 내가 경청하고 있다는 표시를 해 주자.

셋째, 질문을 짧게 해야 한다. 지원자와 같은 공간에서 마주 보고 대화하는 것이 아니라서 커뮤니케이션 왜곡이 일어날 가능성이 높다. 그렇기 때문에 질문은 짧고 그 뜻이 명확해야 한다. 면접관이 지원자에게 무엇을 묻고 있는지 핵심 단어를 이해할 수 있게끔 의도적으로 정확한 발음과 급하지 않게 질문해야 한다.

보조적인 수단, AI면접

프랜차이즈 뷰티 업체에서 있었던 일이다. 이 회사를 운영하는 대표는 채용에 진심인 사람이다. 대다수 직원이 고객을 직접 상대하며 일하기 때문에 대고객 마인드와 보유 기술이 매출에 직접적인 영향을 주기 때문이다. 그래서 면접은 어떤 일이 있어도 직접 진행한다고 했다. 하지만 지원자를 파악하기는 항상 어렵다며 최근에 주목 받는 'AI 면접'을 도입하면 지원자 선별에 대한 고민을 해결할 수 있을 것 같다고 했다. 이처럼 HR테크의 급격한 발전에 따라 작은 규모의 회사들도 'AI 면접' 같은 도구에 관심을 두기 시작했다.

그런데 이런 기술들을 도입하기 전 채용에서 어떻게 활용되는지 그 수준을 제대로 파악할 필요가 있다. 지금 사용하고 있는 AI 면접이나 AI 자소서 평가는 아직 지원자를 심층적으로 파악하는 것은 아닌 것으로 알려져 있다. 지원자가 사용하는 단어를 통해서 그들의 가치와 성격 등을 추론하는 정도이다. 또 게임과 같은 활동을 통해 지원자의 인지 능력을 측정하는 수준이다. 이는 기존에 사용되던 인·적성 검사와 비슷한 결과를 제공한다.

그런데 발전된 AI, 빅데이터 기술을 활용한다고 해서 사람의 특성을 정확히 파악하고 미래 행동을 완벽하게 예측할 수 있을까? 향후 비약적인 발전 속에 지금 보다 훨씬 나은 결과를 얻을 수는 있겠지만 완벽할 수는 없으리라 생각한다.

사람은 다양한 맥락 속에서 여러 사람과 섞이고 어울려 일을 한다. 현재 처한 상황은 어떤지, 상사와 어떤 관계를 맺고 있는지, 옆 동료는 어떤 사람들인지 등등 개인의 동기와 행동에 영향을 미치는 변수는 아주 많다. 이런 모든 것들을 AI나 빅데이터 기술이 정확히 파악해 사람의 행동을 완벽히 예측한다는 것은 어렵다고 본다.

그래서 AI나 빅데이터 등을 활용한 평가 도구는 지원자의 합격과 불합격을 결정짓는 용도가 아니라 보조적인 수단으로 이해하고 활용하면 좋겠다. 예를 들어 AI 면접은 채용 담당자를 대신하여 많은 수의 지원자를 효율적으로 관리할 수 있다. 지원자는 많은데 채용 인력이 부족한 회사라면 도움이 될 것이다.

채용에 관한
법률

채용절차의 공정화에 관한 법률

'채용 절차의 공정화에 관한 법률'은 약칭 '채용절차법'으로 불린
다. 이법의 목적은 채용 과정에서 구직자가 제출하는 채용서류의
반환 등 채용 절차에서의 최소한의 공정성을 확보하기 위한 사항
을 정함으로써 구직자의 부담을 줄이고 권익을 보호하기 위해 만
들어졌다. 그래서 채용 과정 및 단계별로 회사가 지켜야 하는 사항
들을 정해 두고 있는바, 채용 담당자라면 꼭 알아 두어야 한다.

다만, 채용절차법의 적용 범위는 상시 30명 이상의 근로자를 사
용하는 사업 또는 사업장이다. 국가 및 지방자치단체가 공무원을
채용하는 경우에는 적용하지 않는 것으로 되어있다.

채용 단계별 주의사항

1. 채용광고 단계

제4조에서는 거짓 채용 광고 등을 금지하고 있다. 구인자는 채용을 가장하여 아이디어를 수집하거나 사업장을 홍보하기 위한 목적 등으로 거짓 채용 광고를 내서는 안 된다고 명시하고 있다. 일부 기업들이 지원자들에게 사업 아이디어를 사전 과제로 제출하게 해서 문제가 되기도 하였는데 지원자의 허락 없이 이 아이디어를 활용해선 안 된다. 또한 법은 구인자는 구직자에게 채용서류 및 이와 관련한 저작권 등의 지식재산권을 자신에게 귀속하도록 강요해서도 안 된다고 정하고 있으므로 주의가 필요하다.

그리고 제8조에서는 구인자는 구직자에게 채용 일정, 채용심사 지연의 사실, 채용 과정의 변경 등 채용 과정에 대해 홈페이지 게시, 문자, 전자우편, 팩스, 전화 등을 통해서 알려야 한다고 정하고 있다.

2. 채용 서류 접수 및 면접 단계

제4조의3에 따르면 출신 지역 등 개인정보를 요구할 수 없도록 하고 있다. 일명 '블라인드 채용법'으로 알려진 내용이다. 구인자는

직무 수행에 필요치 않은 구직자의 용모, 키, 체중 등의 신체 조건과 구직자의 출신 지역, 혼인 여부, 재산 등의 조건을 수집할 수 없다. 더불어 구직자 본인의 직계 존비속 및 형제자매의 학력, 직업, 재산 역시 요구할 수 없다. 그러므로 사용 중인 입사지원서 양식이 있다면 점검이 필요하며, 면접 때 면접관의 각별한 주의가 필요하다.

3. 채용 확정 단계

제10조에 따르면 구인자는 채용 대상자를 확정하면 지체 없이 구직자에게 채용 여부를 알려야 한다.

또한 제4조3항에 따르면 채용한 후에 정당한 사유 없이 채용 광고에서 제시한 근로조건을 구직자에게 불리하게 변경해서도 안 된다.

4. 마무리 단계

제11조에 따르면 채용 서류의 반환 등을 명시하고 있다. 구인자는 구직자의 채용 여부가 확정된 이후 구직자(확정된 채용 대상자는 제외)가 채용 서류의 반환을 청구하면 본인임을 확인한 후 대통

령령으로 정하는 바에 따라 반환해야 한다. 다만 홈페이지 또는 전자우편으로 제출된 경우나 구직자가 회사의 요구 없이 자발적으로 서류 제출한 경우에는 반환 의무에 해당하지 않는다고 정하고 있다.

또 구직자의 반환 청구에 대비해 채용 여부가 확정 된 날 이후 14일부터 180일까지의 기간 범위에서 구인자가 정하여 구직자에게 통보한 기간 동안 채용서류를 보관해야 한다. 단 천재지변이나 구인자의 책임 없는 사유로 채용서류가 멸실된 경우에는 채용 서류 반환 의무를 이행한 것으로 판단 한다.

끝으로, 반환 청구 기간이 지났거나 채용 서류를 반환하지 않은 경우에는 '개인정보 보호법'에 따라 통상 5일 이내 채용 서류를 파기해야 한다.

채용담당자는 '채용 절차의 공정화에 관한 법률'의 전체적인 내용을 정확히 숙지해야 한다. 위반할 경우 채용 강요 등의 행위를 한 자에게는 3,000만 원 이하의 과태료가 부과되는 등 위반에 따른 법적 책임이 상당하기 때문에 상시 30명 이상의 근로자를 사용하는 기업은 각별히 주의하자.

그 외 법률

이외에도 채용 과정에서 각종 차별을 금지하는 법률들이 있다. '남녀고용평등과 일·가정 양립 지원에 관한 법률' 제7조에는 '근로 자를 모집하거나 채용할 때 남녀를 차별하여서는 아니 된다'라고 명시하고 있다. 채용 과정에서 '직무 수행에 필요하지 아니한 용 모, 키, 체중 등의 신체적 조건, 미혼 조건, 그 밖에 고용노동부령 으로 정하는 조건을 제시하거나 요구하여서는 아니 된다'라고 밝히 고 있다.

또한 '국가인권위원회법' 제2조에서는 평등권 침해의 차별행위를 다음과 같이 규정하고 있다. 성별, 종교, 장애, 나이, 사회적 신분, 출신 지역, 출신 국가, 출신 민족, 용모 등 신체조건, 기혼·미혼·별 거·이혼·사별·재혼·사실혼 등 혼인 여부, 임신 또는 출산, 가족 형 태 또는 가족 상황, 인종, 피부색, 사상 또는 정치적 의견, 형의 효력이 실효된 전과(前科), 성적(性的)지향, 학력, 병력(病歷) 등을 이유로 고용과 관련하여 특정한 사람을 우대, 배제, 구별하거나 불 리하게 대우하는 행위이다.

따라서 다음과 같은 질문들도 결코 해서는 안 될 것이다.

· 고향이 어디인가요?
· 아직 미혼인가요? 남자 친구가 있나요?

- 결혼은 언제쯤 하실 건가요?

- 결혼 후에도 직장을 계속 다닐 건가요?

- 아이가 생긴다면 육아는 어떻게 할 건가요?

- 가족관계는 어떻게 되나요?

- 부모님의 직업은 뭔가요?

  아버지 회사에서 일하시지, 왜 지원하셨어요?

- 부모님과 함께 살고 있나요?

- 키가 큰 것 같은데 얼마나 되나요?

- 사진보다 실물이 나으시네요. 이런 말 종종 들으시죠?

- 근무복이 치마인데 입을 수 있지요?

- 지금처럼 매일 출근 때마다 화장하고 다닐 수 있어요?

- 업무 중 성희롱처럼 생각되는 말을 들으면 어떻게 하시겠어요?

- 손님이 불가피하게 몸을 터치하면 어떻게 대응할 건가요?

- 고객에게 차를 대접해야 하는데 할 수 있겠어요?

- 힘든 일인데 여자가 할 수 있겠어요?

- 보통 여자가 하는 일인데 남자가 지원했네요. 왜 지원했나요?

- 남자인데 꼼꼼하게 일 처리 할 수 있겠어요?

- 젊은 사람에 비해 적응이 어려울 것 같은데 어떻게 생각하세요?

- 본인보다 나이 어린 상사와 잘 지낼 수 있나요?

- 지난 선거에서 누구에게 투표했나요?

- 종교가 뭔가요?

- 종교 활동 때문에 휴일 근무는 어렵겠네요?

PART 4

적응과 육성

온보딩
(On-boarding)

끝날 때 까지 끝난 게 아니다

지원자들에게 합격 통보를 했다고 해서 채용이 끝난 것이 아니다. 합격자가 입사를 포기하고 이탈하는 현상은 비일비재하다. 이른바 '출근 노쇼(No Show)'인 것이다. 구인·구직 서비스 플랫폼인 사람인에 따르면 2021년 채용을 진행한 기업 616곳 중에서 83.9%의 기업이 '노쇼'를 경험했다고 했을 정도다.

지원자의 '출근 노쇼' 원인은 회사에 매력을 느끼지 못했거나 여러 곳에 합격한 후 회사를 비교하면서 발생한다. 최근에는 실업급여 수급요건 충족을 위해 지원한 뒤 '나 몰라' 하는 경우도 흔하고 가끔 대기업이나 공기업 취업을 위해 작은 규모의 회사에 연습처럼 면접에 임했다가 나타나지 않는 경우도 있다. 이유가 어찌 되었든 회사 입장에서는 명백히 경영활동을 방해받는 행위다. 합격자가 입사를 포기할 경우 채용 담당자나 면접관의 노력은 수포가 되고, 그들은 같은 일을 반복해야 하니 괴로움을 겪는다. 그래서 일부 회사들은 역량 있는 사람을 뽑는 데 초점을 맞추는 게 아니라 다닐 만한 사람을 뽑는다고 한다. 면접에서 하는 질문도 "합격하면 회사에 올 것인가요?", "면접 연습하러 온 것은 아닌가요?", "실업급여 수급 때문에 면접 온 것은 아닌가요?"라고 물어볼 정도이다. 오죽 답답하면 이런 질문을 할까.

그렇지만 우리들은 '출근 노쇼'에 대한 걱정 이전에 한 조직의 인재경영을 책임지는 사람으로서 합격자가 출근해서 잘 적응할 수 있도록 하는 일에 집중해야 한다.

온보딩(On-boarding)

온갖 노력으로 직원을 선발하더라도 1년도 안 되어 퇴사하는 직원들이 많아졌다. 입사 하자마자 퇴사자가 계속 발생하면 '밑 빠진 독에 물 붓기'처럼 조직 전체에 힘이 빠진다. 조직 분위기가 무거워질 뿐만 아니라 결원으로 인한 업무 지체와 채용을 다시 진행해야 하는 비용 발생 등 회사의 손해가 크다.

그런데 조기 퇴사보다 더 큰 문제는 회사에 남아 있으면서도 자신의 역할을 제대로 하지 못하는 경우이다. 처음 입사해서는 회사 분위기도 낯설고 업무 환경에 대한 적응 문제로 본격적인 업무 수행에 어려움을 겪을 수 있다. 하지만 이런 부적응 기간이 길어진다면 회사 입장에서는 난감한 상황이 된다. 회사에 마음을 붙이지 못한 직원은 당연히 업무 성과도 떨어질 테고 조직과 겉돌아 분위기를 저해하는 요인이 될 수 있기 때문이다.

그렇기 때문에 원하는 인재를 선발하는 것 못지않게 새로 입사한 직원이 하루빨리 우리 회사 분위기에 스며들고 업무에 적응하도록 함으로써 조직의 효율성을 높이는 노력을 해야 한다.

그래서 새로운 직원이 우리 조직에 합류하여 조직 문화를 이해하고 업무 및 규칙 등을 익히는 과정인 온보딩(On-boarding)이 중요한 이슈가 되었다. 특히 중소기업은 자주 그리고 대규모로 직원 채용하기가 어렵다. 그래서 채용한 인력의 효율성을 높이고 불필요한 비용을 최소화하려는 노력은 언제나 중요하게 여겨야 한다.

온보딩의 뜻은 '배에 태운다'이다. 배 바깥에 있던 사람을 우리 배에 태워 함께 항해하기 위해 우리 배에 적응할 수 있도록 돕는 여러 가지 활동들을 가리키는 개념이다.

우리가 첫인상에 대한 기억을 강렬하게 간직하듯, 새롭게 입사 한 회사와 처음 본 동료에게서 받는 첫인상과 느낌은 새로운 직원에게 매우 큰 영향을 준다. 단 한 명이 입사 했더라도 사전에 준비된 회사의 오리엔테이션과 가지런히 정리된 책상은 신규 직원에게 회사가 자신을 중요하게 여기고 있다고 느끼게 한다. 이런 느낌은 회사가 나에게 무엇을 기대하는지 알게 한다. 또 조직에 대한 애착 형성에도 도움을 준다.

반대로 전혀 준비되어 있지 않아 회사 빈방을 찾아 여기저기 기웃거린 끝에 시간 보내기식의 오리엔테이션 진행과 사무실에 자리 마련도 되어 있지 않아 어디 앉으면 되냐고 허둥거리는 모습에서 새로 합류한 직원은 '회사가 나를 중요하게 여기지 않는구나!', '이 회사별 것 없구나!'라고 느낀다.

잘 계획된 온보딩 프로그램은 신규 직원이 빠르게 조직 분위기에 적응하고, 업무에서 성공적으로 역할을 할 수 있도록 도와준다.

규모가 작은 조직 입장에서는 온보딩 프로그램 운영이 쉽지 않을 거로 생각할 수 있지만 거창한 프로그램을 운영하려 들지 말고 우리 회사에 맞는 알찬 시도를 해보면 좋겠다.

차(茶)와 커피의 생산과 유통을 전문적으로 하는 중소기업에서 있었던 일이다. 이 회사는 10여 명의 직원들이 좋은 관계 속에 각자 맡은 일을 책임감 있게 처리해 꾸준히 성장했다. 그러다 회사는 더 큰 도약을 위해 사업 확장 및 다각화를 시도하면서 새로운 직원들을 대거 채용해야만 했다. 그런데 새로 채용된 직원들이 얼마 못 가 회사를 그만두거나 대표와 면담을 요청해서 불평불만을 털어놓는 일이 잦아졌다. 조직이 커지면서 관리가 어려울 것이라는 예상은 했지만, 생각보다 조직 내 불협화음은 컸다. 대표는 문제의 원인을 꼼꼼히 찾았고 그중 하나로 지목된 것은 시니어 직원들의 일 처리 방식이나 소통 방식이 지나치게 일방적이어서 새로 합류한 직원들이 적응하지 못한 것이었다. 그래서 해결책으로 시작된 것이

이 회사만의 온보딩 프로그램이다. 새로 들어온 직원은 입사 첫날 회사의 인기 제품이 담긴 차(茶) 박스를 웰컴 선물로 받는다. 그리고 시니어 직원에게서 회사와 작업장 구석구석을 안내받고 점심시간 전까지 서로 아이스브레이킹 할 수 있는 담소 시간을 갖는다. 이때 전반적인 일 처리 순서나 처리 방식, 업무 규칙, 회사 분위기 등도 자연스럽게 전해 듣는다. 이어 점심시간에는 작업장 내 전체 직원이 다 같이 식사하면서 인사 나눌 수 있는 시간을 갖는다. 오후에는 회사의 공통 역량에 대한 교육과 제품 교육이 이어지고, 일주일 동안 각 작업 공정을 옮겨 다니며 자세한 업무 교육을 받는다. 회사의 작업 특성을 반영한 OJT(On-the-Job Training)로 실제 업무 상황에서 경험을 쌓도록 하여 작업 긴장감을 해소하고 빠른 업무 이해를 위해 실시한다. 그리고 한 달 동안 멘토 한 명을 배정해 회사 생활과 일이 익숙해질 때까지 편하게 묻고 도움을 얻을 수 있도록 하였다.

도입 초기에는 당장 일손이 부족한 상황에서 신규 직원 교육에 시니어 직원을 배정한다는 것이 부담이라는 의견도 있었고, 하다 보면 익숙해질 일이고 아주 까다로운 일도 아닌데 이렇게까지 할 일이냐는 의문 섞인 목소리도 있었다. 하지만 이 회사의 대표는 의지를 갖고 추진했다. 그 결과 신규 직원을 출근 첫날 바로 업무에 투입했을 때보다 업무 이해와 조직 적응이 빨라졌다. 또한 회사가 직원들을 중요하게 여긴다는 것을 느낄 수 있었다는 만족스러운 피드백들이 이어졌다. 이 회사는 온보딩 프로그램 실시 후 신규직원으로 인한 조직 내 갈등이 거의 발생하지 않았고 퇴사율 역시 뚝 떨어졌다. 그뿐만 아니라 전 직원이 같은 편으로 똘똘 뭉쳐 서로 도우며 일을 하고 있다.

온보딩의 핵심은 회사가 새로운 직원을 소중하게 생각하고 존중한다고 느끼게 하는 것이다. 형식적인 취업규칙 전달이나 하나 마나 한 환영 인사 대신 회사의 역량 내에서 진정성을 갖춘 노력을 해 보자.

프리 온보딩 (Pre Onboarding)

프리 온보딩이란 입사 확정 시점부터 출근 전까지 회사에 잘 적응할 수 있도록 사전에 필요한 사항을 준비하는 과정이다. 이때에도 평범한 순간을 결정적 기회로 만드는 전략이 필요하다. 합격 통보를 받았지만, 출근할지 말지 결정을 못 한 합격자에게 '당신은 우리 사람입니다.'라는 진정성 있는 메시지를 출근 전까지 계속 줘야 한다. '끝날 때까지 끝난 게 아니다'라는 말을 명심하자. '출근 노쇼'가 걱정된다면 프리 온보딩부터 적극적으로 실천해 보길 권한다.

프리 온보딩 활동 예시

· 합격자에게 환영 메시지나 편지를 보낸다.
· 출근 전 명함/출입증을 제작하고 알린다.
· 경영진과의 간담회 및 회사 견학 프로그램을 갖는다.
· 팀원과 식사 자리를 만든다.
· 회사 상품 및 서비스 체험 기회를 만든다.

환영 메시지

홍길동 님께

홍길동 님의 합격을 축하합니다.

홍길동 님께서 우리 회사 입사를 위해 보여주신 노력에 대해 깊은

감사 말씀을 드립니다. 홍길동 님이 보유하신 역량과 경험들이

우리 회사에 큰 도움이 될 것으로 기대하고 있습니다.

앞으로 우리 회사에서 더 큰 성취와 성장 이루시길 바랍니다.

그리고 명함과 출입증은 첨부하는 시안과 같이 제작될 예정이니,

수정사항이 있으면 00월 00일까지 알려 주십시오.

다시 한번 홍길동 님의 합격을 축하하며, 함께 일하게 된 것을

기쁘게 생각합니다. 감사합니다.

담당자 장길산 드림

강점을
활용한 배치

　회사의 채용 목적 중 하나는 빈자리를 채우는 것이다. 빈자리가 오래 지속되다 보면 회사 업무가 정상적으로 진행되기 어렵다 보니 아무래도 급하게 빈자리를 채우려고 시도하게 된다.

　그런데 자리를 채우기 전 한 번 더 생각해야 한다. 이 지원자가 선발하고자 하는 자리에 적합한 사람인지 말이다. 적합성을 고려해 서류전형과 면접을 거쳤다고 하더라도 완벽하지 않을 수 있다. 구직자들은 '우선 합격해 놓고 보자'는 생각에 최선을 다해 본인이 적임자라고 주장한다. 그 주장에 현혹되었을 수도 있다. 그러므로 직무 배치 전에 한 번 더 '적합한 사람인가?', '적합한 자리는 어디인가?'를 생각해 봐야 한다. 아무리 우수한 사람이라도 개인에 따른 직무 적합도 고려 없이 현업에 배치되면 이전과 다른 생각을 할 수밖에 없다. 분명히 잘할 수 있다고 생각했는데 막상 부딪혀 보면 아니구나 싶은 경우가 있지 않은가.

이런 일들로 선발 한 사람이 퇴사하게 되면 회사는 비용 낭비뿐만 아니라 원래 목적한 '자리 채우기'도 실패하게 된다. 채용 공고를 다시 내게 되면 채용 시장에서 이 회사의 이미지는 나락으로 떨어지고 만다. 구직자들은 한 회사에서 동일한 직무 채용 공고가 반복되면 귀신같이 알아채고 걸러내야 할 회사라는 확신을 갖는다.

이러한 점을 고려해 우리 회사에 적합한 사람을 채용해야 하고 배치에도 한 번 더 신경 써야 한다.

직무 배치 면담

보통 중소기업은 이미 채용된 사람에 대해서 직무 배치 면담을 하지 않거나 소홀히 여기는 경우가 많다. 그러나 직무 배치 면담은 직원의 온보딩 차원에서도 매우 중요하다.

회사는 직무 배치 전에 채용 과정에서 확인된 전공, 자격, 경험, 관심 분야, 개인적 특성 등을 잘 확인한 후 대화를 해야 한다. 어떤 업무 환경과 어떤 스타일을 선호하는지에 대해서도 파악해 의견 교환을 할 수 있다면 향후 퇴사율을 현저히 줄일 수 있게 된다.

직무 면담을 하려면 다음과 같은 준비를 거치면 좋겠다. 먼저 직무 배치 면담 전에 채용된 사람의 능력과 역량을 정확하게 다시 한번 정리하는 것이 필요하다. 이를 위해 면접 때 관찰하고 파악했던 역량 평가나 성과 평가, 역할 분석 등을 활용할 수 있다.

그리고 역할과 역량에 따른 목표를 설정한다. 직무를 성공적으로 수행하기 위한 계획으로 회사에서 작성해 놓은 직무 명세서 등을 확인하여 어떤 역할과 책임을 맡길 것인지, 업무에서의 요구사항이 무엇인지 정리해 놓고 면담을 진행하면 좋겠다.

이어서 부서나 상사의 의견을 수렴하여 직무 배치에 대한 의견을 채용된 사람과 교환 한다. 이 과정에서 최종적으로 직무 배치를 결정하고, 결정된 직무 배치에 대한 계획을 수립하여 필요한 교육이나 준비 사항이 차질 없이 진행되도록 한다.

끝으로 직무 배치 이후에는 일정 기간을 정해 배치받은 신규 직원의 역량 및 업무 수행 결과를 평가하고 피드백을 제공한다. 수습 기간을 정했다면 이 기간을 평가하고 평가 결과 적합하지 않다고 판단되면 직무 전환이나 해고가 필요할 수도 있다.

강점 활용

사람은 강점을 발휘해 일을 할 때 신이 나고 더 큰 성과도 만든다. 피터 드러커(Peter Drucker)는 조직에서 지식근로자들이 성과를 내기 위해서는 강점을 활용해야 한다고 강조했다. 그는 사람들이 강점을 기초로 목표를 달성하도록 하고, 그들의 약점이 목표 달성에 방해가 되지 않도록 하는 것이 경영의 과제라고 했다.

어떤 식품회사의 A과장은 총무팀에서 10년 이상 매우 열심히 일했다. 고등학교를 졸업하고 학교에서 배운 지식을 바탕으로 경리사무 업무를 맡았다. 그 이후로 회사의 전반적인 관리업무를 거치면서 조직에서 성실한 사람이라는 인정을 받았다. 하지만 출근하는 것이 즐겁고 기대되는 마음이 들지 않았다. 오히려 변화가 급격한 시대에 해고라도 당하면 '앞으로 무엇을 해야 하나?' 하는 불안감이 스멀스멀 올라왔다. 하지만 회사 일이라는 것이 자기가 즐겁자고 하는 일도 아니고 자기 적성에 딱 맞는 일을 하는 사람이 얼마나 되겠냐는 마음으로 그저 묵묵히 일을 해왔다.

그러던 중 회사에서 자사 제품의 직접 판매를 위해 파일럿 매장을 열기로 했다. 이 프로젝트를 뒤에서 지원하던 A과장은 평소 붙임성 있는 성격에 사람 만나는 것을 좋아했고 성취 지향적인 본인 스타일에 맞는 일 같아 그동안 해 오던 관리직을 떠나 판매점 영업에 도전하기로 했다. 영업 현장에 뛰어든 A과장은 새로 입사한 사람처럼 열정적으로 일을 해 파일럿 매장이 성공적으로 자리 잡는 데 크게 기여했다. 실적은 회사의 기대를 훨씬 웃도는 수치로 나타났으며 회사는 매장을 본격적으로 늘릴 수 있는 기반을 다지게 되었다.

A과장이 하던 일을 그냥 했다면 어떤 일이 벌어졌을까? 개인 손해는 물론 회사 입장에서도 파일럿 매장의 성공을 장담할 수 없었을 것이다. 직무 배치에 있어 강점 활용은 매우 중요하다. 개인도 자신의 강점이 무엇인지를 파악해 직무를 선택해야 하지만 회사도

직원의 강점을 파악해 직무 배치해야 조직의 힘을 극대화할 수 있다.

그럼 강점이란 무엇인가? 마커스 버킹엄(Marcus Buckingham)과 도널드 클리프턴(Donald Clifton)이 쓴 《《위대한 나의 발견 강점 혁명》》에서는 강점을 다음과 같이 정의했다. 강점이란 한 가지 일을 완벽에 가깝게 일관되게 처리하는 능력이다. 강점은 개인이 가지고 있는 타고난 재능, 축적한 경험과 지식 및 기술 등의 조합이다. 강점은 한 개인이 태어날 때부터 가지고 있는 재능을 기반으로 하여 노력과 발전을 통해 더 높은 수준으로 향상할 수 있는 것이라고 한다.

강점을 확인하기 위해서는 직원의 재능과 성격, 경험, 지식 등을 분석하고 파악해야 한다. 이를 위해서는 다음과 같은 방법들을 고려할 수 있다.

첫째, 상사가 직원과 개별 면담을 하면서 그 사람의 강점과 개선이 필요한 부분을 파악하여 피드백하는 것이다. 이를 통해 개별적으로 개인의 성장 방향을 제시하고, 그들이 높은 성과를 내도록 코칭 할 수 있다.

둘째, 경험을 분석해 보는 것이다. 과거의 경험을 분석하면서 직원이 잘하는 것과 좋아하는 것을 찾아낼 수 있다. 이때는 성공적인 경험과 실패한 경험을 모두 분석해 볼 필요가 있다. 그리고 업무 수행 평가를 통해 직원이 어떤 업무나 역할에서 뛰어난 성과를 냈거나 능력을 보였는지 알아보는 것이다. 이를 통해 그 사람의 강점을 파악할 수 있다.

셋째, 자신의 성격과 성향을 분석하여 무엇을 좋아하고, 어떤 것을 잘하는지 파악할 수 있다. 이때는 성격 및 강점 진단 도구를 사용할 수 있다. 이를 활용하면 개인의 장단점, 선호도, 성격 등을 분석할 수 있고 이를 통해 개인의 성장 방향을 제시하고 높은 성과를 내도록 피드백하면 좋겠다.

끝으로 360도 다면 평가를 할 수도 있다. 상사, 동료, 후배, 고객 등 여러 시각에서 해당 직원을 평가하여 그들의 강점과 개선이 필요한 부분을 파악하는 것이다.

강점을 발견하는 것은 한 번의 작업으로 끝나는 것이 아니라, 지속해 직원의 능력과 성장을 관찰하고 분석하는 과정이다. 이를 통해 직원이 가진 강점을 더욱 개발하고, 이를 통해 개인의 성장과 조직의 성과를 동시에 향상해 보자.

그럼에도
인재육성

인재 육성 없는 회사는 엔진 꺼진 자동차

누구에게나 성장 하고자 하는 욕구가 있다. 요즘 구직자들이 회사를 선택할 때 가장 중요시하는 조건 중 하나가 '성장과 자기 계발'이라는 것은 앞서 설명했다. 지금 당장 보이는 회사의 명성이나 급여나 근무 조건도 중요하지만, 매일 반복 된 일 속에서 자신이 성장할 기회가 없다면 그 회사와 함께 할 미래를 그리지 않는 것이 지금의 직장인들이다.

그래서 중소기업도 형편에 맞는 예산을 편성해 교육 프로그램을 운영하거나 회사 상황에 맞는 자체적인 활동을 하는 곳이 늘고 있다. 개인이 원하는 교육을 신청하면 보내 주기도 하고 도서 구입비를 제공하기도 한다. 또 사내 학습 모임이나 사내 강사 제도를 운용하기도 한다.

실제 데일 카네기 트레이닝의 리더십 교육 프로그램(DCC)에 참여하는 구성원들만 보더라도 대기업이나 공공기관에 재직 중인 직원 못지않게 중소기업에 재직 중이면서 자기 계발을 위해 참여하는 직원들도 많다. 개인이 회사에 요청해서 참여하는 경우도 있지만 중소기업 자체적으로 핵심 인재를 선별해 교육 의뢰를 하여 인재 육성 노력하는 것이다.

하지만 회사들을 방문하다 보면 인재 육성에 대한 중요성을 인식하지 못한 대표나 임원, 팀장들을 만나는 경우가 있다. 한 예로 데일 카네기 교육에 참여하던 중소기업의 영업팀 A직원이 있었다. 이 직원이 다니던 회사는 영업팀의 대고객 리더십 및 커뮤니케이션 능력 향상을 위해 팀의 전체 인원을, 순번을 정해 데일 카네기에 교육 참여하도록 방침을 정했다. 그런데 A직원이 전체 교육 중 1회 참석 후 교육에 올 수 없다고 알려왔다. 이유인즉 교육받으러 간다고 하니 바쁜데 눈치 없이 행동한다며 팀장이 보내지 않은 것이다. 그 팀장은 교육이라는 것이 뻔한 소리일 뿐 당장에 도움 되는 것이 아닌데 일하기 싫어 꼼수 쓰는 것 아니냐며 나무랐다고 한다.

결국 이 일은 회사의 대표에게 전달이 되었다. 회사에서도 단순히 교육에 참여하라는 지시만으로 인재 육성이 어려운 것임을 알고 직책별 인재 육성 프로그램을 만들고 전 직원이 공감해서 동참할 수 있도록 조직문화를 바꾸는 차원으로 확대했다.

일의 성과는 개인이 보유한 역량이 발휘된 산물이다. 그렇기에 개인의 지식과 기술 향상, 그리고 태도 강화는 언제나 지속되어야 한다. 새로운 지식과 기술을 배우지 않고 느슨해진 태도 속에 정체된 직원은 어느 순간 성과를 낼 수 없게 되고 스트레스 상황에 빠지고 만다. 회사는 저조해진 성과를 회복하려 직원들에 대한 압박을 강하게 할 것이고 직원들은 회사를 떠나는 결정을 하게 된다. 새로운 사람이 그 자리를 채운다고 해도 개선이 될까? 인재 육성에 관심이 없는 회사는 엔진이 멈춘 자동차와 같다.

학습문화가 퍼져있는 회사는 교육과 훈련이 일상적인 활동이 되어 있으며 그로 인해 직원들은 자신의 전문성과 역량을 지속해 향상할 수 있는 환경에 놓이게 된다. 새로운 기술과 방법들에 대해 적극적으로 수용할 자세를 갖게 되고, 새로운 도전에 따른 실패에 격려할 수 있는 문화도 형성될 것이다. 직원들은 지속해 새로운 것을 배우고 발전할 수 있다는 기대감에 회사 전체에 긍정적인 시너지를 일으킬 것이다.

우리가 알고 있던 것이 새로운 이론이나 기술, 지식으로 대체되는 주기가 급격히 짧아졌다. 이 속도에 적어도 발이라도 맞추려면 나와 회사 직원들의 역량 향상에 끊임없이 관심을 기울여야 한다. 하지만 내가 만나 본 일부 중소기업 대표들은 인재 육성에 대한 고루한 인식을 여전히 갖고 있었다. '가르쳐 놓으면 나간다.', '교육해 봐야 그때뿐이다.' 뭐 이런 인식 들이다. 직원 중 일부가 책임감이 부족해서 벌어질 수 있는 일을 인재 육성 무관심의 변명으로 사용하고 있다. 인재 육성에 관심이 없는 회사는 구직자 입장에서도 걸러야 하는 1순위 기업이라는 것을 명심하자.

회사 내 자기계발 문화

회사의 인재 육성 의지가 있더라도 직원들이 교육을 부담스럽게 여기는 경우도 있다. 또 하나의 일로 여기기 때문이다. 해야 할 일은 많은데 회사의 교육 지시에 따라 교육을 듣고 오면 일이 그대로 쌓여 있으니 여간 스트레스가 아니다. 앞으로 몇 날 며칠이나 밀린 일을 처리해야 할지 모르는 데 누가 교육을 반기겠는가.

또 어떤 회사의 대표는 돈만 들여 무조건 직원들을 외부 교육에 참여하도록 하면 인재 육성이 되고 이 자체가 직원들에게 돌아가는 혜택이라고 여긴다. 그런데 교육비에 부담을 느끼기 때문에 일부 직원들에게 한정하여 기회를 주고 생색이란 생색은 다 내기도 한다.

그래서 필요한 것이 실제 많은 시간 외부에 나가 교육을 받지 않더라도 상시로 조직 내 자기 계발과 학습을 할 수 있도록 회사에 적합한 지원 시스템을 만드는 것이다.

A사는 주간 회의 시작 전 십여 명의 전 직원들이 지식 공유 활동을 한다. 직원들이 순번을 정해 자신이 가진 지식이나 노하우를 발표하는 것이다. 읽은 책을 정리해서 발표해도 되고 업무에서 활

용할 만한 새로운 지식이나 기술을 공유해도 된다. 이를 통해 직원들은 서로의 전문성을 인식할 수 있고 역량도 개발할 수 있다. 특히 두려울 수 있는 프레젠테이션을 매주 한 명씩 돌아가면서 함으로써 커뮤니케이션 능력이 향상되고 업무상 소통에 도움이 된다. 그리고 여러 명 앞에서 발표하는 과정에서 긴장감을 극복하고 자신의 역량에 대한 자신감도 느끼는 효과도 얻을 수 있다.

B사는 회사 내 지식 공유 플랫폼을 운영하고 싶었지만, 회사 규모나 비용 등에 대한 문제로 어려움을 겪자 대신 멘토링 프로그램을 강화하였다. 주니어 직원들에게 원하는 멘토를 정하도록 한 뒤, 시니어 직원에게서 직접적으로 업무상 지식과 노하우를 배우면서 성장할 수 있도록 했다. 시니어 직원들에게는 사전에 커뮤니케이션 교육과 리더십 훈련이 제공되어 원활한 멘토링이 진행되도록 도움을 주었다. 또 멘토들은 활동 시간에 따라 소정의 인센티브와 원하는 경력 개발 교육 기회를 받았다.

C사는 개인 당 월 3권 이내 도서 구입을 지원한다. 도서 구입 후 한 달 동안 회사 책꽂이에 의무적으로 진열하여 관심 있는 직원들이 볼 수 있도록 한 후 구매한 직원이 최종 소유할 수 있도록 한다. 이를 통해 회사 도서관까지 운영하는 효과도 얻는다.

새로운 지식과 정보의 습득을 통해 우리는 변화해야 한다는 마음을 갖게 된다. 이전에 갖고 있던 생각이나 방식에 대해 새로운 관점을 갖기 때문이다. 이는 학습에서 비롯된다. 학습하지 않는 사람과 조직은 변화에 대응할 수 없고 기존의 관습대로 일을 하게 된다. 그러면 뒤처지거나 자연스럽게 배제되는 상황이 되어버린다. 그렇기 때문에 회사는 각 개인이 자기 계발하고 학습할 수 있도록 문화를 만들어 가야 한다. 조직 규모가 크든 작든 관계없다. 우리 회사의 직원 특성과 요구사항을 잘 파악하여 어떤 방식으로 지원하고 참여를 끌어낼 수 있을지 고민해야 한다. 실행 방안을 마련해서 할 수 있는 것들부터 차근차근히 해 보자.

사내 강사 육성

저(低)성장을 지나 아예 무(無)성장 시대에 접어들 것이라는 경고가 많다. 이러한 위협적인 경고는 기업들의 경영활동을 더욱 위축하게 만든다. 치열한 기업 간 경쟁에서 살아남기 위해 일단 기업들은 몸집 줄이기를 할 수밖에 없다. 인재를 채용하는 것도 최소화될 것이고 인재를 양성하고 교육 시키는데도 큰돈을 지출하지 못하게 될 것이 뻔하다.

하지만 무작정 인재 육성에 대해 손을 놓고 있을 수는 없다. 어둠의 터널을 뚫고 도약하는 데 있어서 가장 필요한 자원은 '사람'이니 말이다.

그래서 관심 가져 볼 필요가 있는 것이 '사내 강사 제도'이다. 사내 강사 제도는 기업에서 직원들의 전문성과 역량을 개발하기 위해 운영하는 교육 프로그램 중 하나이다. 기업 내부에는 이미 현업에서 전문성과 경험을 갖춘 직원들이 있다. 이들을 활용하여 내부 교육 프로그램을 운영하는 것이 사내 강사제도이다.

사내 강사제도는 기업의 인재 육성 전략의 일환으로 활용되고 있는데 그 이점은 일단 회사 교육의 외부 의존을 줄일 수 있기 때문에 비용적인 면에서 큰 도움이 된다. 둘째, 회사를 잘 알고 있는 내부 직원이 교육을 진행하기 때문에 더 효과적이다. 끝으로 사내 강사로서 강의해야 하므로 자신의 전문성을 더욱 높일 수 있다. 누군가를 가르치다 보면 자신이 모르고 있던 부족한 부분도 발견하게 되고 공부를 더 하면서 역량이 향상하게 된다. 주니어 직원이 사내 강사일 경우 부족한 점을 파악하고 그것을 채우기 위해 노력하는 과정에서 회사의 핵심 인재로 성장할 수도 있게 된다.

하지만 사내 강사는 보통 기업의 전문 분야에서 경험이 많은 직원들을 선발하여 지정하는데 그 사람이 너무 바빠 맡을 수 없거나, 의지를 갖고 있지 않으면 어려울 수 있다. 또한 강사가 현업과 교육 활동을 병행하다 보니 강의 준비가 소홀해지기도 하고 교육 일정과 업무 일정 조율에 신경 쓸 일도 생긴다.

사내 강사 제도를 제대로 운용할 수 있다면 교육비를 절감하면서도 조직 내부의 지식 공유와 협력 문화를 촉진하는 효과를 얻을 수 있다. 사내 강사 제도를 규모가 있는 대기업이나 공공기관들의 전유물로 오해하는 경우도 종종 있다. 그런데 사내 강사를 통해 CS, 문서 작성, 새로 도입된 기술 교육, 마케팅 및 영업 교육 등 각 회사에서 필요한 내용을 기반으로 직원 역량 향상을 위해 움직이고 있는 작은 조직들도 많으니 회사 형편에 맞게 꾸려 보자.

다음 단계로 가는 문

중소기업의 인재 육성에 대한 중요성을 강조할 때마다 많은 대표가 이런 말을 한다. "가르쳐 놓으니 나가더라, 뒤통수 맞았다." 물론, 사내 강사로 역량을 쌓아 프리랜서로 독립한다거나 회사 비즈니스 안착 과정에서 축적한 경험과 노하우를 갖고 떠나는 직원도 있다. 그럴 때는 배신감도 크고 회사에도 큰 타격이 된다.

하지만 회사가 직원들에게 바라는 바가 있듯이 직원들도 각자 자신만의 희망이 있고 바라는 것이 있다는 것을 수용해야 한다. 이 부분을 간과하면 회사는 꿈을 갖고 성장하고자 하는 인재를 품지 못하게 된다. 우리나라 스타트업 중에서 뛰어난 성장을 한 '우아한 형제들' 본사 한 편에는 "평생직장 따윈 없다. 최고가 되어 떠나라!"라는 문구가 적혀 있다. 보기에 따라서 '정년 보장 없는 회사'로 힐뜯을 수도 있겠지만 '패기 있는 회사', '직원의 꿈을 지지해주는 회사'로 받아들여진다.

성장 욕구가 강한 직원들이 커리어에 대한 고민으로 퇴사를 고민하고 있다면 직무 변경을 통한 '사내 이직'을 활용할 수도 있을 것이다. 같은 업무를 수년 동안 반복하다 보면 누구나 매너리즘에 빠질 수 있고 지루함에 변화를 원하기도 한다. 3년 차, 6년 차, 9년 차 때가 그만두고 싶은 마음이 가장 큰 해라고 하는 것처럼 이직이나 전직은 누구나 할 수 있는 고민이다. 그러므로 사내 직무 변경 같은 제도를 활용해 개인의 성장과 역량 계발에 도움을 주면서 지속해 좋은 관계를 유지해 보자.

회사에서 일을 잘하고 기여하는 바가 큰 사람일수록 한 자리에 잡아 두려고만 하지 말고 다음 단계로 나아가는 의미 있는 문을 열어 주려고 해야 한다. 좋은 인재에게 다음 진로를 열어주고 물 흘러가듯 순환시켜야 조직에 생기가 돈다. 회사에서 한 가지 일을 잘 한 사람은 직무 이동을 해도 일에 대한 기초가 탄탄하고 일을 대하는 마음가짐이 다르기 때문에 계속 성과를 기대할 수 있다. 회사에 '갈 곳 없어서 남은 사람'들로만 채우기 싫다면 직원들의 의미 있는 다음 단계를 고민하고 지지해 주자.

혹시라도 직원이 떠날 수밖에 없다면 아름답게 헤어지면 어떨까? 그래야 다시 멋진 재회를 할 수 있게 된다. '우아한 형제들' 출신들이 회사를 떠나 공유 주방 서비스, 전동 킥보드 공유 서비스 등을 창업했다. 이들은 서로 으르렁거리며 원수처럼 지내기보다는 서로 연락하며 돈독한 관계 속에 비즈니스 세계에서 도움을 주고받는 사이로 발전했다고 알려져 있다. 직원이 떠날 때는 마음 아프고 배신감이 들겠지만, 우리 비즈니스라는 것이 서로 연결되어 있고 도움을 주고받는 관계 속에서 성장한다는 것을 이해한다면 아름답게 헤어지고 좋은 인연을 만드는 게 이익이 된다.

새로운 세대와
함께하는 일터

시대의 화두 MZ세대

최근 코미디 프로그램에서 MZ세대의 회사 생활 속에서 벌어지는 갈등을 코믹하게 그려낸 프로그램이 인기를 끌었다. 프로그램에서는 '일하면서 에어팟을 껴도 될까?', '회식에서는 누가 고기를 구워야 할까?', '팀장이 커피를 산다고 할 때 누가 사러 가야 할까?', '회사에서 일상 브이로그를 찍어도 될까?', '나이 많은 후배의 반말 어떻게 대처할까?' 등 회사 예절에 관한 것이나 회사에서 겪어 봤을 만한 내용들을 다루고 있다.

프로그램을 보다 보면 이미 선배가 되어버린 밀레니얼 세대조차 당황하게 만드는 Z세대가 등장한다. Z세대가 사회생활에서 보이는 문제점을 적나라하게 보여줘서 통쾌하고 시원하다는 댓글 반응이 많다. 하지만 풍자를 넘어 MZ세대에 대한 편견을 강화하고 오해를 불러일으킨다는 지적도 있다.

지난 몇 년간 많은 회사와 조직들은 MZ세대를 이해하고자 각별히 큰 노력을 했다. MZ세대가 많은 조직에서는 리더들을 대상으로 MZ세대의 특징과 이해, 소통법과 관계 구축, 팀 문화 만들기, 다양성 등 여러 가지 교육을 기획해서 운영하기도 했다. 온라인 커뮤니티나 SNS에는 "회사에서 어린 친구들을 어떻게 대해야 할까?", "회사는 어떻게 해야 요즘 친구들을 붙잡을 수 있을까?" 등의 콘텐츠와 고민 글이 수도 없이 올라와 있다.

왜 그렇게 MZ MZ 할까?

MZ세대 눈치 보기라고 할 만큼 이 세대에 대한 큰 관심은 기성세대의 반발심을 불러일으키기도 한다. 왜 이렇게까지 MZ세대의 불편함에 대해 우리가 눈치 보고 신경 써야 하냐는 불만이다. 고전이 시대를 떠나 본연의 가치를 지니고 읽히듯, 시대가 아무리 변해도 앞선 세대로부터 배울 수 있는 지혜와 경험이 있는데 그런 것들이 깡그리 무시되는 것 같아 아쉽다는 의견이다. 일종의 '꼰대'들의 반격이라고나 할까? 치열한 경쟁에서 살아남아 왔고 앞으로 살아남기 위해서 노력하는 회사와 조직들은 그 처한 여건이 다르고 구축해 온 문화와 질서가 존재하는데 새로 들어오는 직원들의 특징이 이러하고 저러하니 기존 구성원들과 조직이 변해야 한다고 하는 것은 순서가 뒤바뀐 것 같아서 불만이다.

MZ세대는 1980년대 초반~1990년대 중반에 출생한 밀레니얼 세대와 1990년대 중반~2000년대에 태어난 Z세대를 통칭하는 말이다. 통계청 자료에 따르면 우리나라 MZ세대 인구는 2021년 기준 약 1,700만 명으로 국내 인구의 약 34%를 차지한다. 경제활동인구 대비로 보면 45%(약 1,250만 명)에 육박하는 규모이다. 이 인원 규모의 한 가지만으로도 이 세대는 회사와 조직에서 중요하게 다루어져야 할 존재이다. 앞으로 이들을 중심으로 조직이 변화하고 세상이 바뀔 것은 분명한 현실이기 때문이다.

더불어 앞으로 다가올 '알파 세대'에 대한 준비도 필요하다. 알파 세대는 일반적으로 2010년부터 현재에 태어난 세대를 가리키는 말이다. 이들은 어려서부터 기술적 진보를 경험하며 자라난 세대로 한층 더 디지털 친화적이라는 특징을 갖고 있다. 어렸을 때부터 스마트폰을 쥐고 자란 세대이기도 하고 AI 스피커와 대화하거나 감정적으로 교류하는 세대이기도 하다. 또 메타버스 등 가상공간에서 사람을 만나고 소통하는 데 익숙한 세대이다. 그리고 어렸을 때부터 저출산 시대에 커왔기 때문에 모든 가족의 집중적인 사랑 속에 자라 관심 받기를 좋아하는 특징을 가진 것으로 알려져 있다. 이들의 두드러진 개성과 특징은 MZ세대보다 더했으면 더했지 덜 하진 않을 것이다.

따라서 과거 조직의 전통과 질서를 부정하는 것이 아니라 새롭게 일어날 변화에 대비해 회사의 조직문화나 질서를 재정립할 필요는 충분하다.

2022년 한국직업능력연구원이 공개한 자료를 보자. 한국직업능력연구원은 '청년들이 취업하고 싶지 않거나 퇴사의 사유가 될 수 있는 일자리 특징'을 조사했다. '나는~하지 않는 회사에는 취업하고 싶지 않다'와 같은 문장을 활용해 취업 선호도를 4단계로 나눠 평점을 매기도록 했다.

조사 결과 청년들이 가장 기피하는 일자리 조건은 ①정시 근무가 지켜지지 않는 직장(2.94점/4점), ②불편한 통근 환경(2.74점/4점), ③본인 기대보다 낮은 월급(2.74점/4점), ④비정규직(2.68점/4점), ⑤주 5일 근무가 아닌 직장(2.55점/4점) 순으로 나타났다. 특히 1위를 기록한 '근무 시간이 지켜지지 않는 직장'은 성별·학력에 관계없이 모두 꺼리는 것으로 드러났다.

그렇다면 우리 회사는 어떤가? 구직자들이 기피하는 일자리 조건을 개선하기 위해 할 수 있는 노력을 다하고 있는지 돌아볼 일이다. 특히 MZ세대들이 중소기업 취업을 꺼리는 이유로 들고 있는 근무 환경 개선에 집중해야 한다. 월급을 제외한 나머지 정시 근무, 통근환경, 근무 형태, 근무 시간 등 4가지 조건들은 모두 '근무 환경'과 관련된 내용이다. 즉 워라밸이 지켜지지 않는 회사에는 처음부터 취직할 생각도 없고, 취직했더라도 금방 떠날 수 있다고 분석할 수 있다.

현장에서 느끼는 중소기업의 인력난은 심각하다. 노동시장의 주력인 MZ 인재를 끌어들이고 채용하기 위해서는 그들의 눈높이에 맞추는 근무 환경 개선과 조직문화 변화가 중요하다.

MZ의 상황 이해

MZ 세대는 어려서부터 치열한 경쟁과 냉정한 평가 과정을 거치며 성장했다. 이른 나이부터 학업 성적 평가, 각종 경시대회 참가, 봉사활동이나 대외 활동을 하면서 여러 가지 스펙을 쌓으며 경쟁하는 환경에서 자랐다. 그러니 본인이 들인 시간과 노력이 공정하게 평가받길 원한다.

기성세대 역시 치열한 경쟁을 겪긴 했지만, 그들은 '대학 입학시험 한 방'으로 많은 것들을 얻을 수 있었던 반면 MZ 세대는 '경쟁 끝에 낙이 없다'는 불안감을 느끼고 있다. 한국은행 자료에 따르면 밀레니얼 세대가 대학을 졸업하기 시작한 2008년부터 2022년까지의 경제 성장률은 2.87%에 불과하다. 앞선 세대로 분류되는 X세대가 대학을 졸업하기 시작한 1995년부터 2007년까지의 경제 성장률 5.8%의 절반에 불과하다. 하지만 부동산 가격은 계속 올라 근로소득의 가치는 더욱 떨어졌다. MZ 세대는 더욱 큰 불안감과 함께 상실감을 느끼게 된 것이다.

또 기성세대는 취업을 위한 기회비용도 지금처럼 높지 않았고 입사하면 회사에서 알아서 필요할 때마다 직무 교육이나 승진자 교육을 제공했기에 전문성을 쌓을 수 있었다. 본인이 아주 큰 잘못을 하지 않는 이상 월급도 오르면서 일정 기간 회사 생활하는 데 아무런 문제가 없었다. 그런데 MZ세대들은 취업부터 기회비용이 높아졌다. 한국보건사회연구원 조사를 토대로 2017년 'NH투자증권 100세시대연구소'가 계산한 자료에 따르면 자녀 1명당 대학 졸업까지 3억 9,670만 원의 양육비가 든다고 한다. 졸업 이후에도 1~2년 동안 취업 준비 기간을 보내게 되니 비용은 더 커진다.

투자한 돈과 시간이 이렇게 많아졌지만, 경제 상황은 나아질 기미가 없고 미래가 불안하다 보니 MZ세대들은 내가 기댈 수 있는 회사인지 아닌지 더욱 까다롭게 살펴본다. 경제 불안과 고용 불안 시대에 성장하면서 전문성을 높일 수 있는 회사가 어디인지, 공정한 기회와 평가를 받을 수 있는 회사는 어디인지, 안정적으로 회사 다니면서 개인 생활을 보장받을 수 있는 회사는 어디인지를 적극적으로 찾게 되었고 '아니다' 싶어 떠날 때는 과감한 모습을 보인다.

디지털 네이티브로 불리는 MZ세대는 자신의 고민과 관심을 온라인 커뮤니티에서 모르는 사람들과도 공유하고 필요한 때에 함께 목소리를 내는 것에도 전혀 어색하지 않다. 자신의 노력과 성취에 대해 공정한 평가와 보상을 받고 있는지 온라인을 통해 확인 적극적으로 확인하고 부당하다고 생각될 때는 항의하고 알리는 데 적극적이다. 2021년 SK하이닉스 4년 차 기술 사무직 직원 A씨가 이 회사 사장을 비롯한 전 임직원에게 "성과급 산정 기준을 명확하게 밝히라."고 요구하는 이메일을 보내 산업계에서 화제가 된 적이 있다. 나아가 MZ세대 직장인들은 온라인커뮤니티나 카카오톡 같은 SNS로 계열사 간, 업종 간 디지털 연대를 실천 해 경영진을 압박하고 자신들의 의견을 온라인 공간에 가감 없이 올리는 모습을 보인다.

그래서 MZ세대는 편견과 오해에 시달린다. "나 때는 안 그랬는데 요새 젊은 애들은 〈이기적이야〉, 〈끈기가 없어〉, 〈편하게 자라 어려움을 몰라〉, 〈사치스러워〉" 등등 부당한 오해를 당하기도 한다.

한동안 온라인 커뮤니티에서 "나 때는 말이야"를 풍자한 "라떼는 말이야"가 유행했다. '꼰대스러움'을 유머러스하게 표현한 유행어로 변화된 시대를 재치 있게 표현한다고 받아들여졌다. 그럼 "나 때는 말이야"의 의미는 무엇인가? 자신의 옛 시절이 더 좋았다는 것을 나타낼 때 쓰는 표현이다. 은연중에 자기 경험과 방식이 더 우월하다는 것을 드러내고 싶을 때 자주 사용한다. "나 때는 말이야, 출근 시간보다 1시간 빨리 왔어.", "나 때는 말이야, 근무 시간 넘어서 일하는 게 다반사였어.", "나 때는 말이야, 없는 일도 찾아서 했어."

그런데 세상이 너무 변했다. 예전에는 그게 맞았을지는 몰라도 이제는 맞지 않다는 것을 인정하자. 사회적인 분위기와 경제 상황이 많이 달라졌다. 노력하면 꿈을 이룰 수 있을 것이라는 희망이 있던 시대를 지나 노력해도 꿈을 이루기는커녕 무엇을 포기해야 할까 고민하는 시대이다. 불안해하는 젊은 세대에게 "나 때는 말이야."

같은 조언은 '어른의 지혜'라기보다는 '꼰대의 잔소리'에 불과하다.
꼰대는 '늙은이', '선생님'을 일컫는 은어이다. 요즘은 통상적으로 늘 자신이 옳다고 생각하며 상대방의 의견은 항상 틀렸다고 생각하는, 혹은 상대가 원하지 않는 조언을 강요하는 사람을 가리키는 말로 쓰인다. 변화된 시대와 세대를 이해하지 못하고 스스로 회사의 꼰대가 되지 말자.

뉴 제너레이션과 함께 하는 일터

1. 효율적인 근무제도

중소 무역회사에 재직 중인 A부장은 신입 직원 때문에 매일 아침 스트레스를 받는다고 했다. 출근 시간보다 최소 10~20분 미리 도착해 업무 준비하고 근무 시간이 되면 업무 개시하는 것이 기본 아니냐며 매일 근무 시각에 딱 맞춰 출근하는 신입 직원이 성실하지 못한 것 같아 그런 모습을 볼 때마다 스트레스를 받는다고 했다. 이 직원을 따로 불러서 뭐라고 얘기하고 싶은데 자칫 속 좁은 사람처럼 비칠까 봐 뭐라고 해야 할지 어렵다고도 했다.

A부장이 신입 직원에게서 받는 스트레스가 남 일 같지 않다. 공감된다. 신입 직원이 보여야 할 성실한 모습은 아침부터 온데간데없고 본인 기대와 다른 행동을 하니 못마땅한 것도 이해된다. 회사

는 혼자 일하는 곳이 아니다. 회사의 목표 달성을 위해서는 협력이 중요하고, 그 협력적인 관계는 각자 맡은 일에 대한 책임 속에서 구현된다. 그러자면 자신의 역할에 대해 노력하는 마음과 책임감을 느끼고 성실하게 수행하는 모습이 뒷받침되어야 한다. 상사나 동료는 이런 모습에 대해 신뢰를 보낸다. 그런데 신입 직원이 자신의 기대와 달리 출근 시간에 아슬아슬하게 딱 맞춰 도착하니, 그 모습에서 A부장은 '근무 의욕 낮음', '성실하지 않음', '책임감 없음' 그래서 '신뢰할 수 없음'으로 그 직원을 판단해 버린다. 이런 사소한 것까지 하나하나 가르쳐야 하나 싶은 직원을 매일 대해야 하니 어찌 스트레스가 없겠는가.

'성실(誠實)'의 사전적 의미는 '정성스럽고 참됨'이다. 이는 '하나하나의 일마다 진심을 담아 정성스럽게 한다.'는 뜻이다. 조직에서 함께 생활하고 맡은 일을 처리하는 데 있어 '성실'이 중요하다는 것은 아무리 시대가 지나도 달라지지 않는다.

그러면 '어떤 사람이 성실한 사람일까?' 성실의 기준으로 삼을 만한 것이 무엇인지 생각해 볼 일이다. 성실하게 일을 한다면 결과가 좋지 않을 수 없으니 높은 성과를 내는 사람이 성실하다고 볼 수도 있을 것이고, 결과가 안 좋더라도 묵묵히 자기 일을 빈틈없이 수행하는 사람이 성실하다고 볼 수도 있다.

그런데 우리에게는 더 간편한 기준이 적용되어 왔다. 오랫동안 대부분의 조직에서는 '성실함=근태'로 회사 생활의 기본 중의 기본으로 여겨왔다. '근태'의 사전적 의미는 '부지런함과 게으름', '출근과 결근'을 아울러 이르는 말이다. 그러니 성실한 사람은 우선 지각이나 결근, 조퇴가 없다. 또 근무 시간보다 일찌감치 도착해 일과를 준비하고 여간해서 근무 시간에 자리 비우는 경우도 거의 없다. 업무 중에 딴짓하는 경우도 찾아보기 힘들다. 이렇게 근태가 양호한 사람이 성실한 직원의 표본이 되어 왔다. 그래서 아무리 업무 성과가 출중해도 근태가 엉망이면 '건방진 놈' 소리를 듣기도 했고, 실적이나 성과가 기대에 못 미치더라도 지각 조퇴 없이 자리를 지키는 사람이라면 '조직 생활에서 최고는 성실함'이라며 옹호하기도 했다.

그런데 기업들 사이에서 유연근무제, 자율출근제, 재택근무 등 근무 시간에 대한 유연한 변화가 시작되었다. '성실함=근태'라는 공식에 금이 가기 시작해 전통적으로 중요시되던 근태에 대해 의견이 다양해졌다. 코로나 이전만 해도 매일 정해진 시간 사무실로 출근해 근무하는 방식이 생산성을 높이고 효율적이라는 의견이 지배적이었다. 하지만 고정된 근무 위치나 시간에 구애받지 않고 원하는 스타일에 따라 일하는 것이 효율적이라는 의견이 많아졌고 요구하는 목소리도 커졌다. 경험하지 않았으면 모를까 한번 경험한 것을 경험하지 않은 상태로 되돌리기란 어렵다.

한국노동연구원이 조사한 자료에 따르면 2022년 우리나라 근로자 2,172만 4,000명 가운데 유연근무제를 활용하는 근로자는 347만 5,000명(16%)이었다. 아직 전체 근로자 수 대비 턱없이 작은 규모이고 중소기업은 대기업보다 도입률이 훨씬 낮았다. 하지만 그 효과는 업무 생산성을 높이고 일과 삶의 균형 향상에 긍정적인 것으로 보고되고 있다. 그래서 고용노동부도 '일할 때 일하고 쉴 때 쉴 수 있도록' 하겠다는 취지로 '유연근무' 확대한다는 방안을 내놓았다.

지방에서 건축 자재를 생산·유통하는 중소기업은 선택적 근로시간제를 과감하게 도입했다. 선택적 근로시간제란 한 달 단위로 정해진 총근로시간 범위 내에서 업무 시작 및 종료 시각을 근로자가 자유롭게 선택할 수 있도록 한 제도이다. 이 회사는 사업장이 도시 외곽 공단에 위치한 관계로 대중교통이 열악하고 출퇴근 시간에는 차가 너무 막혀 직원들의 고충이 컸다. 그래서 직원들의 사기를 진작시키고 회사의 지속 가능한 성장을 위해 직원들이 근로 시간을 자유롭게 결정하도록 한 것이다.

도입하기 전에는 '출근 시간이 제각각일 수 있어 협업에 문제가 있을 것이다', '유연하게 근무 시간을 정할 수 없는 직원들의 불평불만이 사내 갈등을 일으킬 것이다', '직원들이 근무 시간을 이기적으로 악용하여 근무 태만 등의 문제가 발생할 것이다' 등의 염려가 있었다.

그러나 직원들과 대화를 통해 도입 목적을 명확히 인지시키고 운영 방안에 대해 아이디어를 얻어 보완 노력을 해 나갔다. 그래서 완전 자율이 아니라 회사에서 몇 가지 정해준 시간을 선택하도록 하였다. 자신이 딱 원하는 근무 시간은 아닐지라도 어느 정도 만족할 만한 근무 시간을 선택할 수 있어 직원들의 만족감이 높았다.

그리고 하루 중 반드시 근무해야 하는 '의무 시간'을 정해 필요한 회의나 협업이 필수적인 업무가 처리되도록 하였다. 또한 업무용 메신저를 사용하기 시작했다. 대다수 중소기업에서는 아직 카카오톡을 사용해 직원들과 소통하지만 약간의 비용을 들여 업무용 메신저를 사용함으로써 직원들과 유기적으로 빠르게 업무 소통이 가능해졌다. 프로젝트별로 대화방을 개설하고 동료 일정 확인이나 설문 돌리기, 문서를 안전하게 열람하고 관리 할 수 있어 업무의 효율성을 높이는 데 도움이 되었다. 이렇게 회사 상황에 맞게 바람직한 방향으로 수정하고 보완해 가며 이 회사는 작은 규모의 회사지만 효율성을 해치지 않은 상태에서 워라밸을 위한 근무 환경을 만들고 직원들의 불편한 통근 환경을 개선해 나갔다.

우리나라 통근 시간은 OECD 국가 중 압도적 1위이다. 2016년 OECD 자료에 따르면, 우리나라의 통근 시간은 일평균 58분으로 OECD 국가 중 가장 길었다. OECD 평균인 28분의 2배 이상이다. 중국 47분, 일본 40분 등 아시아 국가 중에서도 확연히 통근 시간이 긴 것으로 드러났다. 직장인들은 회사에 도착해 일을 시작하기도 전에 지쳐있다. 언제 어디서나 소통할 수 있는 환경이 구축되어 있고 온라인으로 협업해 업무 처리할 수 있는 기술적 여건이 마련되어 있음에도 왜 아침 일찍 모두가 러시아워를 겪어야 하는지 의문을 가진 젊은 직원들이 많다.

그래서일까? 일을 가정생활보다 우선하던 인식이 역전되었다. 2019년 통계청 사회조사에서 근소하게 역전되더니, 2021년 사회

조사에서는 일을 우선한다는 비율이 33.5%, 가정생활을 우선한다는 비율이 48.2%로 격차가 크게 벌어졌다.

직원의 복지에 신경을 써서 수면실, 만화방, 카페테리아 등 이색적인 공간을 제공하고 있다는 중소기업의 소식을 종종 듣는다. 그런데 '구직자와 직장인이 뽑은 최고의 복지제도' 1위는 최근 몇 년 동안 항상 유연근무제가 꼽혔다. 이는 20대 만의 요구가 아니라 30대와 40대도 마찬가지이다. 워라밸이 기업 경영의 중요한 이슈가 된 지금, 중소기업이라고 손 놓고 있을 수만은 없다. 쉽지 않겠지만 효율성을 높인 유연한 근무 환경 구축은 피해 갈 수 없는 현실이다.

2. NO 세대 차이, Yes 가르치자

교육 의뢰가 있어 어떤 중소기업의 팀장과 오전부터 회의했다. 팀장은 전달 내용과 요구 사항들을 자세히 전달하기 위해 노력했다. 사전에 준비한 자료 외 보충 자료가 필요해지자 부하 직원을 불러 자료 위치를 알려주고 인쇄해 오라고 요청했다. 그런데 그 직원이 곧 점심시간이라 식사 후에 자료를 가져다주겠다고 말하는 것이었다. 외부인과 회의 하는 그 자리에서 말이다. 팀장은 당황한 기색이 역력했고 난처한 표정을 숨기지 못했다. 분위기가 갑작스럽게 경직되었다. 시계를 보니 11시 50분쯤이었고 우리는 '똑소리 나는

MZ세대'라며 슬쩍 웃으며 분위기를 전환해 버렸다.

또 어떤 병원에 직원 교육을 갔는데 물리치료실에 새롭게 합류한 직원이 너무 어이없는 행동을 한다고 했다. 근무 시간이 8시부터 17시까지인데, 종종 퇴근 시간도 되기 전에 말도 없이 슬쩍 사라져 버린다는 것이다. 그래서 그 직원을 불러서 요즘 급하게 퇴근하는 것 같은데 무슨 일이 있느냐며 물어보니 아주 당당하게 "할 일 끝내놓고 할 거 없어서 퇴근했는데 뭐가 문제냐"는 얘길 들었다고 했다. 너무 당당하게 나오다 보니 여기서 내가 뭐라고 했다가는 꼰대가 되는 건가 싶더란다.

이런 경험담이 계속 전해지다 보니 'MZ세대는 본인밖에 모르고 버릇이 없다'라는 인식이 생겼다. 그런데 '요즘 애들은 버릇이 없어'라는 표현은 지금의 기성세대가 어렸을 때도 들었던 말 아닌가? 또 메소포타미아 수메르 점토판에도 '요즘 젊은이들은 너무 버릇이 없다'라는 내용이 있다 하고 고대 그리스 철학자 소크라테스가 남긴 글에도 비슷한 얘기가 쓰여 있다고 하니 시대를 막론하고 젊은 세대는 기성세대들에게 철없는 존재, 부족한 존재인 셈이다.

그런데 MZ세대는 그들을 싸잡아 '버릇없다'고 평가할 때마다 억울하다. 위에 소개한 두 가지 사례를 대학생을 대상으로 한 수업에서 소개하고 바람직한 업무 수행과 소통 방식에 대해 의견을 나누었다. 대부분 학생은 외부인이 있는 자리에서 업무 수행을 미루겠다고 말한 것은 '잘못된 행동'이라고 답했다. 팀장이 굉장히 난처했을 것이라며 지시한 업무를 수행하고 점심시간을 조금 늦추는 것이 올바른 판단이라는 의견이 대다수였다. 또 '정해진 퇴근 시간은 지켜야 하며 매일 팀장을 찾아가 퇴근 보고를 하지 않겠지만 옆 동료에게 내일 보자는 인사를 하고 퇴근하는 것이 바람직하다'고 답했다.

기성세대와 MZ세대의 이야기가 나올 때마다 쟁점은 세대 간의 갈등, 꼰대와 젊은 세대의 충돌로 몰아가는 경향이 있다. '출퇴근 때 인사도 안 하더라', '눈치 안 보고 칼퇴근하더라', '이어폰 끼고 혼자 밥 먹더라', '명함을 한 손으로 받더라' 등등 작은 문제 행동에 매몰되어 비난을 일삼는다. 그런데 이것들이 세대 차이에서 오는 갈등인가? 회사에는 세대 불문하고 부적절한 말과 행동으로 불화를 만드는 사람, 자기중심적으로 일을 처리하고 잘 안되면 남 탓으로 돌리는 사람, 집인지 회사인지 분간하지 못하고 제멋대로 구는 사람, 일은 대충 하면서 휴가나 사익만 챙기는 사람 등 다양한 '오피스 빌런'이 있다.

그래서 우리는 이런 문제를 세대 간의 갈등으로 보지 말고 직원의 업무 능력으로 구분해 다뤄야 한다. 나이 불문하고 직원이 업무 능력이 부족하면 성과관리 차원에서 리더가 대화로 상황을 확인하고 모르면 가르치고 실행이 안 되면 코칭 해야 하는 것이다. 조직 생활이나 사회생활이 이제 걸음마 단계인 젊은 세대에게는 약간의 관심과 격려가 조금 더 필요할 뿐이다. 갓 사회생활을 시작하는 젊은 직원들은 회사 생활하면서 부딪히고 깨지기 일쑤다.

우리는 회사 선배이자 멘토로서 후배의 성장을 도울 책임감을 느껴야 한다. '회사는 배우러 오는 곳이 아닌데 다 배워 왔어야지', '이런 사소한 것도 가르쳐야 하나?', '나 때는 가르쳐주는 사람도 없었어. 혼자 알아서 잘했는데.'라는 속 좁은 생각을 하며 방관할 텐가? 미성숙하고 비뚤어진 꼰대가 되지 말자. 업무 상황이나 회사 생활에서 필요한 경우 피드백을 받을 수 있다는 신뢰를 심어주고, 실수했을 때 바로 잡아 이끌어 줄 수 있는 리더가 되어야 한다. 그리고 조직문화 차원으로 발전시켜야 한다.

이런 측면에서 'CLASS101'의 고민과 노력은 배울 점이 많다. 다양한 분야의 온라인 강의를 선보이고 있는 회사 'CLASS101'은 신입사원이 입사하면 첫날에 업무 적응을 돕기 위해 가이드북을 제공한다. '한배를 타고 에베레스트로 향한다'는 기업의 철학에 맞춰 가이드북의 이름을 '클원호 탑승 안내서'로 지었다고 한다. 입사한 직원은 안내서를 보며 스스로 업무 환경을 세팅할 수 있고, 업무 수행 중 필요한 여러 가지 정보를 얻을 수도 있다. 특히 비즈니스 매너로써 ①메일 주고받기 ②명함 주고받기 ③호칭에 대하여 ④손님이 찾아왔을 때 등으로 세분화하여 기본적인 소양을 갖출 수 있도록 세심하게 배려한 점이 인상 깊었다.

맺음말

우리는 경쟁 속에 살고 있다. 공정한 경쟁을 통해 개인은 물론 기업과 사회가 발전하고 성장하기에 경쟁은 앞으로도 계속될 것이다. 하지만 경쟁은 두렵고 스트레스를 주기 마련이다. 끊임없이 노력하고 오늘에 집중해도 당장 내일 뒤처질 것 같은 불안감은 언제나 마음을 힘들게 한다. 그래서 대다수 기업은 상시 위기 상황 속에 놓여있다. 그 속에서 회사의 존재 이유는 이윤 창출이라며 더 높은 실적을 밀어붙이고 당장 닥친 일 처리에 초점을 맞추게 된다. 그러면서 사람이 가장 큰 자산이라는 말은 공허해져 버리기도 한다.

하지만 기업 경영 환경이 어려울수록 처음 사업을 시작하고 회사를 일으키면서 마음먹었던 사명과 가치, 비전이 잘 작동하고 있는지 돌아봐야 한다. 치열한 경쟁에서 살아남아야 한다는 논리에 파묻혀 희미해졌다면 다시 진하게 새겨야 한다.

여기에서 기업의 진정한 경쟁력이 생겨나기 때문이다. 우리 회사에 맞는 인재경영 시스템과 문화는 꾸준한 노력을 통해 서서히 자리 잡아 가므로 왜 이 일을 하고 있는지 어떤 가치가 있는지 등에 대해서 확고한 중심이 잡히지 않으면 지쳐서 금방 포기하게 된다. 채용부터 제대로 해보겠다며 의욕을 다져 보지만 현실적인 몇 가지 장애물을 만나게 되면 이 핑계 저 핑계와 함께 어차피 안 될 일이었다고 합리화하면서 포기하는 경우를 여러 차례 보았다.

이렇게 해서는 우리가 가야 할 길을 갈 수 없다. 우리가 무엇을 위해 일을 하는가, 어떤 태도로 세상과 사람을 대하는가와 같은 근본적인 물음에 대한 답을 갖고 우리 회사에 맞는 인재경영 시스템과 문화를 만들어 가는 데 지치지 않고 계속해 나아가기를 바란다.

끝으로 이 책과 함께한 모든 조직의 리더에게 행운과 성공이 함께 하기를 바란다.